Inhaltsverzeichnis

Ella Lindner-Waneck

Des Herrn Wege sind wunderbar

FRANCKE
Verlag der Francke-Buchhandlung GmbH

Die Deutsche Bibliothek - CIP-Einheitsaufnahme

Lindner-Waneck, Ella:
Des Herr Wege sind wunderbar / Ella Lindner -Waneck. -
Marburg an der Lahn : Francke, 1999
(Edition C : H, Heimatlicht ; Nr. 94)
ISBN 3-86122-426-7

35037 Marburg an der Lahn
Umschlaggestaltung: Gudrun Dresbach
Texterfassung: Verlag der Francke-Buchhandlung GmbH
Satz: Verlag der Francke-Buchhandlung GmbH
Druck: Druckerei Schröder, 35083 Wetter/Hessen

Edition C, Nr. H 94

Der Abschied vom Elternhaus

Palmsonntag! Hinter dem dunklen Tannenwald, der sich im Rücken der langgestreckten Fabrikgebäude zum Himmel reckte, war die Sonne aufgegangen. Ihr goldener Glanz flutete durch die schnurgerade Schneise herab ins Tal, so daß es den Anschein hatte, als wenn eine Straße von Licht vom Himmel zur Erde führte. Und dies Licht wob einen hellen, flimmernden Schein um die Fabrik, in der heute alle Arbeit ruhte, und hängte ein Feiertagsgewand über die nüchternen Mauern. In den zahllosen Fenstern spiegelte sich lachend die Sonne, die über die Waldwiese ging und den jungen Gräsern und Blütenknospen zärtlich die Tränen der Nacht aus den Augen küßte. Die Waldwiese breitete sich wie ein grüner Teppich vor der Fabrik aus bis hinunter zu der verfallenen Ruine an der Landstraße. Die ersten Gänseblümchen und Anemonen hatten ihre Augen hier schon aufgetan, und unten, in der Nähe des Baches, leuchteten gelb schon die Himmelsschlüssel aus dem Grün.

Elisabeth hatte immer gedacht, daß der Lenz auf seiner Erdenfahrt stets zuerst ihr Heimattal begrüße, und sie dachte es auch heute wieder. Droben auf den Höhen lag noch der weiße Schnee, hier aber blühte es bereits.

Die Fabrik hatte Herrn Volkhard, Elisabeths Vater, gehört, der vor zwei Wochen gestorben war. Sie lag seitab von dem großen Grenzdorf in grüner Einsamkeit. Und in dieser Einsamkeit war Elisabeth aufgewachsen. Hier hatte sie gelebt bis heute, hier eine glückliche, sonnige Kindheit verbracht – nun aber sollte sie scheiden.

Palmsonntag war. In der Dorfkirche droben auf dem Berg sollte Elisabeth heute eingesegnet werden, und dann – ja, dann mußte sie die geliebte Heimat verlassen für immer. Vater und Mutter waren tot, die Fabrik hatte einen neuen Besitzer erhalten, und gestern war Herrn Volkhards Bruder gekommen, der Elisabeth nach der Einsegnung mit sich nehmen wollte in die große Stadt, in der er sein Haus hatte.

Elisabeth war früh aufgestanden heute, fast mit der Sonne. War es doch der letzte Tag im Elternhaus, und sie hatte vor dem Abschied noch viel zu tun. Rasch kleidete sie sich an, während durch das weit geöffnete Fenster die köstliche Morgenluft in das kleine Giebelzimmer strömte. Vom Wald kam als Gruß ein kräftiger Tannengeruch herüber, und die Schwalben, die gestern heimgekehrt waren, schossen zwitschernd am Fenster vorüber.

Als Elisabeth fertig war, ging sie in den Nebenraum, der als Vorratskammer diente. Dort lagen, von feuchten Tüchern bedeckt, zwei Kränze, aus Tannengrün und den ersten Frühlingsblumen gewunden. Mit diesen Kränzen wanderte sie zum Wald. Dort stand ein kleines, tempelartiges Mausoleum, das Herr Volkhard beim Tode von Elisabeths Mutter hatte errichten lassen. Sie hatte den Wald so über alles geliebt und wollte im Walde begraben sein. Nun schlief auch Elisabeths Vater an ihrer Seite den ewigen Schlaf, bis das Morgenrot der Auferstehung einst in die stille Gruft fallen würde.

Langsam schloß das blonde Töchterlein der Verklärten das eiserne Gitterpförtchen auf und trat in den kleinen Tempel. Wie oft hatte Elisabeth hier gekniet, betend und schluchzend, besonders in den letzten beiden Wochen, in denen der Schmerz um des Vaters Scheiden noch so frisch war. Auch jetzt sank sie, nachdem sie ihre Blumen auf die Särge gelegt hatte, weinend nieder. Sie konnte es nicht fassen, daß sie nun zum letzten Mal hier sein sollte, daß künftig fremde Hände, wenn auch in ihrem Auftrag, die geliebte Ruhestätte der Eltern schmücken würden und daß sie selbst, deren ganzes Denken und Fühlen im Heimatboden wurzelte, nun fort mußte.

„Oh, wenn ihr könnt, liebe, liebe Eltern", schluchzte sie, „so schaut herab auf euer Kind und segnet es in dieser Stunde. Und, teurer Heiland, sei du mit mir auf allen Wegen. Ich werde dir heute Treue geloben am Altar, aber ich weiß, daß ich ohne dich nichts bin, nichts vermag. O hilf mir und nimm mich bei der Hand und führe mich, damit ich wandle auf deinen Wegen. Amen."

Sie erhob sich, trocknete ihre Tränen, umfing noch einmal mit einem langen, zärtlichen Blick die beiden Särge und ging. Ganz langsam ging sie – denn jeder Schritt entfernte sie ja mehr und mehr von dem kleinen Heiligtum droben im Wald.

In der Nähe der Fabrik kam ihr der Onkel entgegen. Herr Volkhard war sehr viel älter als Elisabeths Vater, dennoch glich er dem jüngeren Bruder in manchem. Das war ein kleiner, wenn auch schmerzlicher Trost für die Tochter.

„Guten Morgen, Elisabeth!" rief der alte Herr ihr entgegen und hob ihr Gesicht am Kinn empor, als sie vor ihm stand. „Was? Tränen?"

„Ich war bei den Eltern, Onkel, und habe Abschied genommen", sagte sie leise. „Das war so traurig."

Herr Volkhard schob seinen Arm unter den ihren und wanderte mit ihr auf dem schmalen Wiesenpfad weiter. „Elisabeth", sprach er dabei, „du hast Abschied genommen von der irdischen Hülle deiner Eltern, denn die allein läßt du hier zurück. Hast du das bedacht? Schau, die Seelen unserer Verklärten, die sind uns immer nahe. Nicht wahr, das hast du in mancher Stunde schon gefühlt?"

Sie nickte. O ja, da hatte der Onkel recht.

„Und siehst du, Kind, ihre Seelen werden dir in der neuen Heimat ebenso nahe sein wie hier. Willst du daran denken?"

„Ja, Onkel. Du mußt nur ein bißchen Geduld mit mir haben" – kam es bittend von ihren Lippen.

Er küßte sie auf die Stirn. „Geduld haben wir alle nötig, Elisabeth, eines wie das andere. In meinem Hause soll es daran gewiß nicht fehlen."

Als Elisabeth dann wieder in ihr Giebelstübchen trat, holte sie das große schöne Sagenbuch, das Vater ihr letztes Weihnachten geschenkt hatte, von dem Bücherbrett. Liebkosend glitten ihre Finger über den bunten Einband. Sie wollte sich heute von dem Buch trennen. Das war ein Opfer und eine Sühne für eine Schuld. Sie wollte sich von dieser Schuld befreien, bevor sie an Gottes Altar trat. Zu dem Buch kam ein Brief, den sie am Abend zuvor geschrieben hatte. Darin stand:

„Lieber Hans!

Nun gehe ich fort von hier. Aber ehe ich Euch alle verlasse, sende ich Dir noch die herzlichsten Grüße und bitte Dich, zürne mir nicht, daß ich so dumm war und mich vor Dir erschreckte. Es tut mir ja so bitter weh, daß Du krank bist und ich Dir nicht helfen kann, aber Gott kann es, und er wird sicher alles gut werden lassen, wenn ich mir jetzt auch nicht denken kann, wie das Unglück, das Dich betroffen hat, gut werden soll. Ich sende Dir mein Sagenbuch, das Dir immer so gefiel. Es soll Dir zeigen, daß Dich noch liebhat wie früher

Deine Elisabeth.“

Diesen Brief trug die alte Botenhanne am Montag hinauf ins Schulhaus; denn Schulmeisters Hans war Elisabeths liebster Spielgefährte gewesen, bevor das große Unglück über ihn hereinbrach.

Auf den Brief waren beim Schreiben viele Tränen gefallen, aber Elisabeth hatte sie alle sorgsam mit ihrem Tüchlein weggeputzt, damit Hans nichts davon merken möchte.

Als sie das Paket fertig hatte, ging sie hinunter in den Stall, wo die beiden Braunen standen und das Schaf, das sie als Lämmchen vom Vater erhielt. Sie mußte für immer Abschied nehmen, sonst wurde sie nicht fertig mit all dem, was es noch zu tun gab für sie. Zärtlich strich sie über das glatte Fell der Pferde. Sie kamen mit ihren Köpfen herum und suchten in ihrer Hand nach

Zucker, wie sie es gewöhnt waren. Auch heute hatte sie die Süßigkeit nicht vergessen. Peter legte, nachdem er sein Teil verzehrt hatte, den Kopf auf Elisabeths Schulter, während die unersättliche Liese von neuem zu betteln begann.

„Ich habe nichts mehr“, sagte das Mädchen, die leere Hand hebend. „Ich wollte euch ja nur Lebewohl sagen.“ Peter schaute die junge Herrin aus treuen Augen an. „Ja, ja, Peterle, wir müssen scheiden ...“ sie küßte seinen schlanken Hals und tat dasselbe bei Liese. Die Pferde standen ganz still, und als sie ging, schauten sie ihr nach. Dann senkten sie die Köpfe und rührten sich eine lange Weile nicht, was Jochen, den Knecht, zu der Bemerkung veranlaßte, daß die unvernünftige Kreatur ‚wahrhaftig Menschenverstand‘ habe.

Mit freudigem Blöken wurde Elisabeth von ihrem weißen ‚Muckchen‘ empfangen. Bis jetzt hatte sie das feist gewordene Tier immer vor dem Messer des Schlächters geschützt. Nun aber würde Muckchen wohl daran glauben müssen. Leise kraulte sie ihm das wollige Fell.

„Ade, Muckchen. Wir müssen scheiden. Vergiß mich nicht, hörst du?“

„Bäh – bäh ...“ machte es kläglich und rieb die Nase an Elisabeths Ärmel.

„Ja, ja, mein Liebes, das ist nun so. Aber wir müssen tapfer sein, immer tapfer ...“

Doch die Tapferkeit wollte sie schier verlassen, als sie in die Küche trat, wo die alte Barbara weinend am Herd stand. Sie setzte sich auf ein Schemelchen und starrte stumm vor sich hin.

„Das ist nun dein Ehrentag, Kind“, sagte Barbara, und die Tränen flossen ihr dabei über die Wangen.

Elisabeth nickte. „Für alle ist der Palmsonntag ein Ehrentag – nur für mich nicht!“ Sie stand auf und hing im nächsten Augenblick weinend an deren Hals. „Ach, Barbe, wie unglücklich bin ich!“

Barbara kämpfte ihr eigenes Herzweh nieder, um das geliebte Kind trösten zu können. „So darfst du nicht reden, Lisa, heute nicht. Heute gibst du Gott dein Herz, der Heiland will dich segnen – und du sprichst so! Denke doch, der Vater ist im Geiste bei dir – und es muß ihn doch bekümmern, wenn du so jammerst. Freuen sollst du dich heute – nur freuen, Lisa. Wenn du deine Mutter gekannt hättest, wie die sich freuen konnte, auch wenn Schatten über ihrem Leben lagen! ‚Freude ist auch Gottesdienst‘, sagte sie oft.“

Elisabeths Tränen waren langsam versiegt. „Ja, Barbe, es ist wahr. Ich will nicht mehr weinen.“ Und sie hielt Wort, wenigstens für die nächsten Stunden.

Im hellen Sonnenschein fuhr sie mit Onkel Volkhard zur Kirche. Das kleine Gotteshaus war festlich geschmückt mit Tannengrün und Weidenkätzchen. Dicke Girlanden zogen sich um die Emporen, und auch auf dem Altar, rechts und links von den Leuchtern mit den brennenden Wachskerzen, standen große Sträuße.

Elisabeth kniete mit den jungen Dorfmädels auf der untersten Stufe und hatte, wie sie, fromm das Köpfchen geneigt. Sie war das einzige Herrenkind in der ganzen Schar, und die anderen hatten sich deshalb nie so recht an sie herangewagt, obschon sie immer zu ihnen allen freundlich gewesen war. Und so hatten denn auch heute ihre beiden Nachbarinnen sich kaum zu rühren gewagt. Daß sie neben Elisabeth Volkhard sitzen durften, erhöhte in ihren Augen noch die Feierlichkeit der Stunde. Kerzengerade saßen sie in der Bank, und ihre steifgeflochtenen Zöpfchen, die glänzend waren von der duftenden Pomade, an der Mutter heute nicht gespart hatte, nahmen sich seltsam genug aus neben Elisabeths weichem Goldhaar.

Der alte Pfarrer legte die Hand auf des schwarzgekleideten Mädchens Scheitel. ‚Ich will dich nicht verlassen noch versäumen' – das sollte der Spruch sein, den er diesem Kind mit hinausgab ins Leben. Ein tiefer Atemzug hob Elisabeths Brust, als sie dann das Antlitz hob und ihre Blicke das Bildnis des Gekreuzigten suchten. Oh, was gelobte sie sich in dieser Stunde! Wie wollte sie treu sein, wie sich bemühen, auf seinen Wegen zu wandeln! Und ein Sonnenstrahl glitt durch das hohe Kirchenfenster und fiel auf Elisabeths Stirn. Waren es die Seelen der Eltern, die ihr Kind aus Himmelsfernen segnend grüßten?

Als die Feier zu Ende war und man aus dem Gotteshaus ins Freie trat, sah sich Elisabeth bald von glückwünschenden Menschen umringt. Alle wollten ihr noch einmal die Hand schütteln, alle ihr ein ‚Behüt Gott!' mit auf den Weg geben; denn man wußte ja, daß sie heute das Waldtal verließ. Sie brachten ihr Blumen, kleine bunte Sträuße, ungeschickt gebunden, aber doch mit so viel Liebe. „Wenn man wissen will, wie man geliebt wird", sagte Elisabeth später einmal, „dann muß man fortgehen. In der Scheidestunde erst zeigen es einem die Leute."

Sie hatte für alle ein freundliches Wort, einen herzlichen Dank, sie gab allen die Hand und nickte ihnen zu und lächelte – und ihre Augen standen dabei voll Tränen.

Ganz zuletzt trat noch eine blasse Frau an sie heran. Es war die Schulmeisterin, die Mutter ihres Spielgefährten. Sie brachte ein Sträußchen Himmelsschlüssel und konnte kaum reden vor innerer Bewegung.

„Gott segne Sie, Elisabeth", zitterte es von ihren Lippen. „Hans läßt Sie grüßen – und er schickt Ihnen die Blumen ..."

Elisabeth nahm die gelben Frühlingsboten. „Mein Hans!" schluchzte sie auf und drückte die Blumen an ihren Mund.

Über das kummervolle Antlitz der Mutter huschte ein müdes Lächeln. „Das will ich dem Hans sagen, daß Sie seine Blumen küßten. Es wird ihn freuen."

„Ja – und – ich vergesse ihn nie!"

Herr Volkhard wartete geduldig, bis all das Abschiednehmen vorüber war. Er freute sich, wie Elisabeth mit den einfachen Landleuten, unter denen auch viele Fabrikarbeiter waren, verkehrte. Sie kannte noch keine Standesvorurteile, das hatte sie in ihrer Waldeinsamkeit nicht gelernt. Hier unterschied sie nur zwischen guten und bösen Menschen.

Daheim hatte Barbara inzwischen ein festliches Mahl zubereitet, und Jochen hatte im Verein mit Niklas, dem Kutscher, einen mächtigen Kranz über der Haustür aufgehängt mit der Inschrift: ‚Gott segne dich!' Das war ein schweres Stück Arbeit gewesen; denn Jochen und Niklas hatten ihr Lebtag noch keinen Kranz gewunden, und mancher Schweißtropfen war dabei geflossen. Aber endlich wurde die Mühe doch belohnt. Das Werk gelang. Und wenn der Kranz auch ein wenig eckig aussah und die Schrift etwas schief darin saß, so waren doch beide äußerst zufrieden. ‚Fräulein

Elisabethchen', so meinten sie, ,würde sich schon freuen'. Darin hatten sie sich auch nicht getäuscht. Elisabeth freute sich sehr und schüttelte ihnen immer aufs neue die arbeitsharten Hände. Daß der Kranz schief war, bemerkte sie gar nicht, sie sah nur die Liebe.

In dem großen Eßzimmer, wo die hohen Eichenstühle so ehrwürdig um den mächtigen Tisch standen, hatte Barbara festlich gedeckt. Die Lenzsonne blinkte in den geschliffenen Gläsern und malte sie bunt mit den schönsten Regenbogenfarben, und sie weckte den Glanz des alten Familiensilbers und küßte schmeichelnd den dicken Strauß aus Barbaras Küchengarten, die Aurikeln und Narzissen, die sich seltsam genug in der schlanken Kristallvase ausnahmen.

Elisabeth erhielt heute den Ehrenplatz am oberen Ende der Tafel, wo sonst der Vater gesessen hatte. Sie waren nur drei beim Festmahl. Außer Onkel Volkhard nahm noch der Pfarrer teil, der das Mädchen heute eingesegnet hatte. Barbara trug selbst die Speisen auf, was sie sonst gern jüngeren Händen und Beinen überließ. Und wenn sie Elisabeth eine Schüssel reichte, dann hatte sie stets die Augen voll Tränen. Elisabeth sah es wohl, und sie hätte am liebsten mitgeweint, aber sie wollte tapfer sein und nahm sich zusammen. Einmal, als Barbara neben ihr stand, drückte sie leise ihre Lippen auf die zitternden Altfrauenhände. „Liebe, liebe Barbe!" Das war aber zuviel für die treue Seele. Aufschluchzend verließ sie das Zimmer.

Nach der Suppe klopfte Onkel Volkhard an sein Glas und hielt eine kleine Rede, in der er Elisabeth aufforderte, mutig den Schritt ins neue Leben zu tun, nicht rückwärts zu schauen, sondern vorwärts. Viele von denen, die mit ihr heute am Altar gestanden hatten, müßten wie sie Heimat und Elternhaus verlassen. „Sie gehen in die Fremde, unter fremden Leuten müssen sie ihr Brot verdienen. Du aber, Elisabeth, verläßt ein Vaterhaus, um sogleich ein neues zu finden, wo treue Liebe dich erwartet und umsorgen wird. Sieh, wie gut es Gott mit dir meint an diesem Wendepunkt deines Lebens!" Und er sagte noch, daß er nun Elisabeths Vater sein wolle und daß sie Vertrauen zu ihm haben möchte, wie zu dem Vater, den Gott in seinen Himmel genommen hatte. „Willst du das, Elisabeth?"

Sie hob die goldbewimperten Lider und sah ihn aus feuchtschimmernden Blauaugen an: „Ja, Onkel, ich will!" Die Gläser klangen zusammen und gaben einen feinen, hellen Ton.

Gegen den Schluß der Mahlzeit sprach der Pfarrer noch ein paar Worte. Er redete von dem Ernst und der Bedeutung des Einsegnungstages und erinnerte sie an den Spruch, den er ihr am Altar fürs Leben mitgegeben hatte. „‚Ich will dich nicht verlassen noch versäumen' – daran denke allezeit, geliebtes Kind, und werde nicht wankend im Glauben an Gott und den Erlöser. Wo du auch gehst und wanderst im Leben, er ist bei dir, er wird dich nicht verlassen noch versäumen, ob du auch in tiefer Nacht und Finsternis stehst. Die Stunde wird kommen, in der du deines Heilands Liebeshände fühlst, in der es hell wird um dich und in dir, in der alle Verlassenheit von dir weicht, in der du es erkennst, daß wir unter eines guten Hirten Hut über die Erde wandern. Darum sei getrost und fürchte dich nicht." Und dann sprach er noch von Elisabeths Pflichten, und daß jeder Mensch eine Arbeit haben müsse, gleichviel, ob man arm oder reich sei. „Gott gab uns die Hände nicht umsonst, er stattete uns nicht umsonst mit vielerlei Gaben aus. Das sind Pfunde, mit denen wir wuchern sollen. Auch dir wurde mancherlei gegeben. Vergrabe nicht, was Gott dir schenkte, sondern nütze es in rechter Weise für dich und andere. Gott segne dich!"

Seine Hand, die Elisabeth einst schon getauft hatte, lag auf ihrem blonden Haar, während die Gläser aneinander klangen.

Und dann kam der Abschied. Bald nach dem Mahl fuhr der Wagen vor, der Elisabeth und Herrn Volkhard zur Bahn bringen sollte. Niklas knallte mit der Peitsche, die Pferde bissen ungeduldig ins Zaumzeug und scharrten den Boden. Barbara kam und schob noch einen vollgepackten Korb in den Wagen. Es sei nur ein bißchen Kuchen drin, erklärte sie auf Herrn Volkhards Frage, und ein paar eingemachte Früchte. Er nickte, obwohl der Umfang des Korbes auf mehr schließen ließ, als nur auf ‚ein bißchen' Kuchen. Aber warum sollte er ihr die Freude nehmen? Dann kam Elisabeth. Sie sah blaß aus und war still. Barbara faßte laut weinend ihre Hände.

„Fräulein Elisabeth – Gott behüte Sie – und – und vergessen Sie uns nicht ..."

Elisabeth küßte sie.

„Nein, Barbe, ich vergesse dich nicht und keinen von euch", wandte sie sich zu den anderen.

Niklas schneuzte sich auf dem Kutschbock geräuschvoll die Nase in sein blaues Baumwolltuch, das Küchenmädchen weinte in die Schürze, mit der es das Gesicht bedeckt hatte, und Jochen schnitt eine Grimasse, um seine Rührung zu verbergen. Er hielt Tränen für nicht vereinbar mit seiner Manneswürde.

Die Leute aus der Fabrik hatten sich alle eingestellt, obschon heute Sonntag war. Sie wollten ihr Fräulein wegfahren sehen. Rechts und links von der Haustür bildeten sie Spalier bis zum Wagen, just als sei Elisabeth eine junge Fürstentochter. Daran aber hatten die einfachen Menschen nicht gedacht, sondern nur an ihre Liebe zu dem einzigen Kind des verstorbenen Brotherrn, der stets wie ein Vater für sie gesorgt hatte.

Ein alter, weißhaariger Aufseher sprach mit zitternder Stimme einige Worte und bat, daß Elisabeth ihnen und der Heimat ein freundliches Andenken bewahren möchte. Dabei überreichte er ihr einen Strauß von Tannengrün und Weidenkätzchen.

Und Elisabeth versicherte wieder und wieder: „Ich vergesse keinen von euch."

Dann mahnte Herr Volkhard zum Aufbruch. Sie stieg in den Wagen und reichte noch einmal der treuen Barbara die Hand. „Grüß mir bitte auch den Hans, Barbe ..."

„Ja – ja."

Die Pferde zogen an – die Männer lüfteten schweigend ihre Mützen – die Frauen schluchzten leise – fort rollte der Wagen, der Elisabeth in ein neues Leben führte.

Solange sie noch die Zurückbleibenden sehen konnte, ließ sie ihr weißes Tüchlein im Frühlingswind flattern, als aber eine Wegbiegung das Bild änderte, war es auch vorbei mit Elisabeths Fassung. Weinend schmiegte sie sich in Onkel Volkhards Arme. Wie war doch das Scheiden so schwer!

Hans

Nun lag die Waldwiese hinter der Fabrik verlassen und still. Und was für fröhliche Spiele hatte sie gesehen, bevor Elisabeth schied und über Hans das große Unglück kam. Wie oft hatten sie hier im Schatten der Haselstauden gelegen, und Hans hatte erzählen müssen von dem bösen Harras zu Peterswald, mit dem es eine eigene Bewandtnis hatte. Er gehörte zu den berühmten Persönlichkeiten der Gegend; denn die Sage berichtete, daß er einer der gefährlichsten Raubritter gewesen sei, der aus sicherem Hinterhalt die arglos ihres Weges ziehenden Kaufleute überfallen und in seinen Hungerturm gesperrt habe, wo sie so lange festgehalten wurden, bis ein hohes Lösegeld sie befreite. Auf der Wiese, die sich so bunt und leuchtend im Blütenschmuck weitete, standen noch die zerfallenen Mauern des Turmes, denn die Landstraße hatte einst gerade über die Wiese geführt, und der Wald, der sich zur Linken am Berghang aufbaute, war sicher Zeuge so mancher lichtscheuen Tat gewesen. Hans wußte von damals die schauerlichsten Geschichten zu erzählen, und Elisabeth mochte nichts lieber, als ihm zuhören. Wenn sie aber dann einmal allein in der Dämmerung an der Ruine vorbeimußte, fielen ihr gewöhnlich alle diese Geschichten ein, sie bekam es mit der Angst und beschrieb einen großen Bogen um den grausigen Ort oder lief so schnell daran vorüber, daß sie immer völlig atemlos daheim ankam und Barbara sie einen dummen kleinen Angsthasen nannte.

Als Elisabeth das sechste Jahr vollendet hatte, sollte

sie eine Erzieherin bekommen. Das war seit langem eine beschlossene Sache. Weil sie aber in der grünen Einsamkeit so ganz allein aufwuchs, änderte Herr Volkhard seinen Plan und schickte sie hinauf in die Dorfschule.

Elisabeth war glücklich darüber. Sie freute sich, mit so vielen Kindern gemeinsam spielen und lernen zu dürfen, und saß mit strahlendem Gesicht zwischen den glattgekämmten Sprößlingen der Bauern und Fabrikarbeiter. Sie verschmähte es auch nicht, gelegentlich mit ihnen ihr Frühstück auszutauschen; denn das derbe Schwarzbrot, das mit Schmalz oder süßem Möhrensaft bestrichen war, schmeckte ihr tausendmal besser als die schönste belegte Semmel, die Barbara für sie zurechtgemacht hatte.

Elisabeths bester Freund wurde bald Schulmeisters Hans. Buben und Mädels lernten gemeinsam in einer Klasse, und Hans war, wie Elisabeth, eine Respektsperson. Aber nicht darum hatten sie sich zusammengefunden, sondern weil Herr Volkhard dem kleinen Burschen gleich am ersten Tag sein Kind auf die Seele gebunden hatte. „Du bist ein verständiger Junge, du wirst Elisabeth beschützen, nicht wahr?“

Und Hans hatte das, rot vor Freude, mit festem Handschlag versprochen. So wurden die Kinder Freunde, und sie waren beisammen, soviel es nur ging.

Das Schulhaus stand oben auf dem Berg, dicht neben der Kirche. Und wenn morgens die Sonne erwachte und sich den Schlaf aus den Lichtaugen rieb und sich zu ihrer Erdenfahrt schmückte, dann bespiegelte sie sich zuvor flink noch einmal in den hellen Fenstern des Schulhauses.

Vom Schulhaus bis zur Fabrik brauchte ein rüstiger Fußgänger wohl zwanzig Minuten. Hans aber machte den Weg in der halben Zeit. Jeden Nachmittag, das Wetter mochte gut oder schlecht sein, sauste er den Berg hinab, die schier endlose Dorfstraße entlang bis zur Waldecke, wo Elisabeth gewöhnlich schon nach ihm ausschaute. Mitunter, wenn er sich verspätet hatte, kam sie ihm auch ein Stück entgegen, aber sie ging höchstens bis zum Gemeindeanger, wo das hölzerne Kreuz stand. Ein Dörfler war vor Jahren an der Stelle verunglückt. Hier wartete sie. Hans kam ja sicher. Man konnte sich auf ihn verlassen. Es hatte wohl noch keinen Tag gegeben, an dem er ausgeblieben war. Das ging auch gar nicht. Man hatte sich doch mancherlei zu sagen, denn von heute auf morgen geschah so viel Neues, von dem in der Schule nicht geredet werden durfte, daß Elisabeth sicher an Herzdrücken gestorben wäre, wenn sie sich nicht dem Hans hätte offenbaren dürfen, und der hätte nachts jedenfalls kein Auge schließen können, wenn er Elisabeth nicht hätte von all dem in Kenntnis setzen können, was in der Zwischenzeit seine Gedanken in Anspruch genommen hatte.

Der liebste Spielplatz der beiden Kinder war die große Wiese hinter der Fabrik mit dem Bergwald auf der einen und den Haselstauden auf der anderen Seite. Dort lagen zwei mächtige Felsblöcke, von denen Hans behauptete, sie seien einmal Fangbälle der Riesenkinder gewesen. Diese Blöcke paßten Hans und Elisabeth herrlich, denn sie spielten besonders gern König und Königin. Elisabeth wand Kronen aus Tannengrün, während Hans vom bösen Harras erzählte, und mit diesen Krönlein geschmückt, kletterten sie dann auf die Felsblöcke, die der prächtige Thron waren. Würdevoll saßen sie nebeneinander und bildeten sich ein, die ganze Welt sei ihr Königreich. Der blaue Himmel wurde zum leuchtenden Baldachin und die Wiese zum köstlichen Teppich, Elisabeths Kattunkleid verwandelte sich in ein Gewand aus Seide und Hans' alte Joppe in einen purpurnen Königsmantel. Und all das Geld, das ein König und eine Königin ganz notwendig brauchen, das gab ihnen die Sonne, die ja so reich ist, daß sie sich verschwenden kann vom Morgen bis zum Abend. Und sie hatten auch ihren Hofstaat. Das waren im schimmernden Panzerröckchen die Käfer als hohe Würdenträger, dann die Blumen in ihren leuchtenden Gewändern als stolze Hofdamen und liebliche Edelfräulein, und die Bienen als flinke Dienerschaft. Die kleinen Singvögel bildeten die Hofkapelle, die Schmetterlinge aber in buntem Samt und die Mücken im leichten Gazeröckchen, das waren die Herren und Damen vom Ballett.

Wenn Elisabeth später an diese Zeit zurückdachte, meinte sie immer, keine andere sei so voll Sonne und Glück gewesen.

Aber es kann nicht immer nur die Sonne scheinen, es muß auch Schatten geben, sonst wird man das liebe Himmelslicht allzu gewöhnt und achtet es nicht mehr. Doch manchmal kommt der Schatten so plötzlich, daß man starr und erschrocken steht und nicht fassen kann, wohin mit eins die Sonne verschwunden ist. So erging es auch den beiden Kindern. Auch in ihr helles Leben warf das Schicksal plötzlich einen schweren, dunklen Schatten.

Es war an einem herrlichen Sommertag. Der Himmel weitete sich in leuchtender, wolkenloser Bläue über dem Waldtal; auf der Wiese schaukelten sich die blauen Glocken im Wind, und weißes Labkraut und Margaretenblumen dufteten herb und würzig durch die warme Luft, in der die Schmetterlinge sonnentrunken von Blüte zu Blüte taumelten.

Elisabeth wartete auf ihren Kameraden, und weil sie früher auf der Wiese war als er, beschloß sie, ihm bis zum Gemeindeanger entgegenzugehen. Von hier aus spähte sie die Dorfstraße entlang, aber es war noch kein Hans zu erblicken. Sie setzte sich ins Gras, er mußte ja gleich kommen. Die Hände um die Knie gefaltet, guckte sie in die Luft und wartete. Ein Weilchen war schon verstrichen und der Hans noch nicht gekommen. Da wurde Elisabeth die Zeit lang. Sie stand auf, pflückte gelben Löwenzahn und blauen Rittersporn und wand daraus mit geschickter Hand ein Kränzlein. Dazwischen wunderte sie sich schier tot über das Ausbleiben des Spielgefährten. Als sie aber dann den Kranz fertig hatte und er am Kreuz hing, und vom Hans noch immer keine Spur zu sehen war, da verging dem Mädel das Wundern, und sein kleines Herz begann unruhig zu pochen. Was bedeutete denn das? Warum kam der Hans nicht? Elisabeth konnte nicht mehr bleiben so allein auf dem weiten, stillen Gemeindeanger. Ein heimliches Angstgefühl kroch in ihr empor und schnürte ihr die Kehle zusammen und trieb ihr schließlich eine Salzflut in die Augen. Und weil der Hans noch immer nicht kommen wollte, machte sie sich auf, ihn zu suchen. Anfangs stieg sie ganz langsam den Berg hinauf, denn bei jedem Schritt hoffte sie den Hans zu sehen und seine jubelnde Stimme zu hören. Doch es war umsonst. Da begann sie nach und nach schneller zu gehen, und endlich lief sie so hastig, wie ihre Füße sie nur tragen konnten. Und da fand sie endlich den Hans. Aber sie hatte doch bis zum Schulhaus wandern müssen, erst dort fand sie ihn. Und da wußte sie nun auch, warum er nicht gekommen war, nicht hatte kommen können. Schon auf dem Kirchplatz erfuhr sie es. Dort standen eine Menge Leute herum, was an Werktagen sonst niemals der Fall war, und alle schauten so sonderbar verstört aus und steckten flüsternd die Köpfe zusammen, als sie Elisabeth bemerkten. Sie ahnte Schlimmes, und das Herz pochte ihr zum Zerspringen.

„Was ist geschehen?“ fragte sie mit vom Laufen und von all der Angst fast heiserer Stimme.

Eine kleine Schulkameradin gab ihr Auskunft. Elisabeths Augen wurden dabei groß und starr, und ihre Lippen erblaßten. Dann schrie sie auf und stürzte nach dem Schulhaus. Eine schmale Blutspur führte vom Kirchplatz bis dorthin und verlor sich in dem halbdunklen kühlen Flur, durch den Elisabeth, fast sinnlos vor Angst und Entsetzen, taumelte.

Im Wohnzimmer kam ihr die Mutter entgegen, zitternd und verweint. Das Mädchen warf sich schluchzend an ihre Brust. „Wo ist er? Was ist mit ihm? Ich will ihn sehen!“

„Ruhig, Kind, ruhig“, beschwichtigte die Frau. „Du sollst ihn sehen, aber du darfst nicht jammern, denn das könnte ihn aufregen.“

Elisabeth trocknete ihre Tränen. „Ja – ja – ich will ganz still sein – nur laß mich zu ihm, Patel.“

Sie nannte Hans‘ Mutter so, weil viele andere Kinder das auch taten; denn die Schulmeisterin hatte das halbe Dorf zu Paten.

„Ich will still sein", wiederholte sie noch einmal und biß die Zähne aufeinander, um das Schluchzen zu ersticken.

Da führte die Mutter sie in das Schlafzimmer, aus dem ein scharfer Jodoformgeruch ihr schon auf der Schwelle entgegenschlug und sie einen Augenblick schaudernd zurückhielt.

Hans lag in seinem schmalen blütenweißen Bett, fast unkenntlich durch all die Verbände, mit denen der Doktor ihn umwickelt hatte. Als Elisabeth herantrat, zwang er seine bleichen Lippen zu einem freundlichen Lächeln, aber man sah diesem Lächeln all die tausend Schmerzen an, die das arme Menschenkind leiden mußte. Und wie sie ihn nun so sah, so matt und so hilflos, da waren alle guten Vorsätze vergessen und alle Ermahnungen der Mutter. Stromweise stürzten ihr die Tränen über die Wangen. Sie fiel vor dem Bett nieder und bedeckte die eine unversehrt gebliebene Hand des Freundes mit zärtlichen Küssen, einmal über das andere dabei schluchzend: „Mein Hansel! Mein armer Hansel!"

Aber von dem ganzen Umfang des Unglücks hatte Elisabeth noch keine Ahnung. Die sollte ihr erst viel später kommen, und es war eine von den schrecklichsten Stunden ihres Lebens, als das geschah. Vorläufig berichtete man ihr nur das, was alle wußten. Hans war aus dem Schulhaus ins Freie gestürmt, ein mächtiges Butterbrot in der Hand, das er unterwegs zu essen gedachte, um nur ja keine Zeit zu verlieren. Da war den Berg herab ein schwerer Lastwagen gekommen. Hans wollte über die Straße laufen, war dabei aber gestolpert und gefallen. Der Fuhrmann hatte das Gefährt nicht mehr aufhalten können, und so waren die Räder über den Knaben hinweggegangen, ehe er imstande war, sich wieder aufzurichten.

„Tut es weh?“ fragte Elisabeth, leise über den verbundenen Arm streichend.

Er schüttelte den Kopf. „Nicht sehr. Aber die Beine. Heute abend kommt der Doktor noch einmal.“

Die Mutter trat herzu. „Hans muß nun ein bißchen ruhen. Geh jetzt heim, Elisabeth.“

Elisabeth hing sich an sie. „Aber ich darf wiederkommen, nicht wahr, Patel?“ flehte sie. „Morgen darf ich?“

Und die tiefe Herzensangst, die aus der Bitte sprach und mehr noch aus des Mädchens Augen, rührte die Mutter und tat ihr wohl im eigenen Schmerz. Sanft glitt ihre Hand über Elisabeths wirres goldenes Haar. „Komm nur“, sprach sie gütig. „Komm, so oft du kannst und magst, Kind.“

Tag für Tag lief Elisabeth nun hinauf ins Schulhaus, um nach dem Freund zu sehen, kein Wetter vermochte sie abzuhalten, im Sturm und Regen oder glühendem Sonnenbrand kam sie. Und immer neue Aufmerksamkeiten ersann sie für Hans. Sie hatte ihm die letzten Erdbeeren an der Ruine gepflückt, brachte Blumen von der Waldwiese mit und die schönsten Birnen, die am Spalier der Fabrik reif geworden waren.

Hans lag still und blaß in dem weißen schmalen Bett und lächelte ihr dankbar zu. Manchmal bat er auch: „Erzähle mir etwas von draußen.“ Da nickte sie und begann zu plaudern, aber nicht lange, so verstummte sie wieder. Es sollte nicht recht gehen mit dem Erzählen, denn seit der Hans hier lag und nicht mitspielen konnte, geschah draußen ja nichts mehr, aber auch gar nichts. Und so redete sie lieber von der Zukunft, von dem, was kommen würde, und das malte sie in den glänzendsten Farben aus, und ihre Sätze begannen fast alle mit den Worten: „Wenn du wieder gesund bist ..."

Aber merkwürdigerweise ging der Hans gar nicht recht darauf ein, sondern schaute meistens trübselig vor sich hin, und das schnitt Elisabeth ins Herz, da wurde sie auch traurig. Wie er sich doch verändert hatte in der Zeit des Krankseins! Keine Spur war mehr übrig von dem alten lustigen Hans, und bisweilen sah er sie so seltsam an.

„Patel, der Hans macht Augen, daß man weglaufen möchte."

„So?"

„Ja – und ich muß immer an das Reh denken, das der Förster Franz letzten Sommer angeschossen mit heimbrachte und das dann starb. Solche Augen, wie das wunde Reh, macht auch der Hans manchmal."

„Ach, das denkst du nur."

„Nein, nein, Patel, es ist gewiß."

Die Mutter seufzte. „Dann wird er schon seinen Grund haben."

Ja, das meinte Elisabeth auch, und weil sie den Grund nicht kannte, ängstigte sie sich, und die Tränen saßen ihr oft so locker, daß sie alle Tapferkeit zusammennehmen mußte, um in Gegenwart des Kranken nicht zu weinen. In dieser Zeit büßte sie ein gut Teil von ihrem sorglosen Kinderfrohsinn ein, und wenn das alte Kreuz auf dem Anger hätte reden können und wollen, so würde die Welt leicht erfahren haben, wie es in jenen

Wochen in Elisabeth Volkhards Seele aussah. Trug sie doch all ihren Jammer, all ihr junges Herzeleid dorthin in die Stille, und vielleicht blühten gerade jetzt die Blumen zu Füßen des Kreuzes so schön, weil so viele Tränen darauf fielen.

Barbara und der Vater versuchten Elisabeth zu beruhigen, aber es gelang ihnen nicht recht; denn in all ihren Worten lag etwas, das Elisabeth mißtrauisch machte. Sie fühlte, daß man nicht offen zu ihr war, daß man ihr etwas verbarg. Das machte sie bang und unsicher, und es konnte kaum ein unglücklicheres Geschöpf geben, als Elisabeth Volkhard damals war.

Aber nichts, was es auch sein mag, läßt sich für ewig verbergen, und so kam denn bald genug der Tag, an dem plötzlich der Schleier zerriß, der Elisabeths Augen bis jetzt die ganze Größe und Schwere des Unglücks noch verborgen hatte. Nun wußte sie alles – aber unter der Wucht dieser Wahrheit brach sie fast zusammen. Sie floh erschrocken vor der entsetzlichen Gewißheit, denn sie hatte nicht den Mut, der Wahrheit in das nun unverhüllte Antlitz zu sehen.

Es war an einem Herbsttag. Auf den Stoppelfeldern sammelten sich bereits die Stare zum Flug nach Süden, und durch die klare Luft wehten die feinen Fäden des Mariengarnes. Aus dem Dornengestrüpp an der Ruine glänzten schwarz die ersten reifen Brombeeren. Elisabeth hatte ein ganzes Schüsselchen davon gesammelt und sich die Hände fast blutig gerissen bei dieser Beschäftigung. Sonst war es immer für sie und Hans ein Fest gewesen, wenn sie am Hungerturm nach den ersten Brombeeren suchen konnten, heute hatte sie es nun allein tun müssen. Aber nicht ein Beerlein wanderte dabei in ihren Mund. Alle brachte sie dem kranken Kameraden.

Hans saß vor der Tür des Schulhauses im Sonnenschein, und seine Augen blickten groß und glänzend aus dem schmal gewordenen Gesicht. Als Elisabeth ihn von ferne sah, jauchzte sie hell auf; denn es war immer eine Freude für sie, ihn im Freien zu finden, auch wenn ihn die Mutter beinahe bis an den Hals in Decken gehüllt hatte, was jedoch heute nicht der Fall war. Heute saß er auch nicht in dem alten Großvaterstuhl, den man sonst für ihn heraus vor die Tür trug, sondern auf der grünen Lattenbank. Neben ihm standen zwei noch ziemlich neue Krücken, mit denen er Gehversuche gemacht hatte; denn Beine besaß er nun nicht mehr, die waren ihm von dem Lastwagen dermaßen zerquetscht worden, daß sie hatten beide abgelöst werden müssen. Das war es, was Elisabeth noch nicht wußte.

Aber nun ließ es sich doch nicht länger verbergen, und einmal mußte sie es ja erfahren. Da sollte es denn heute sein.

Ahnungslos kam sie den Berg herauf, und in ihrem Glück, Hans im Freien zu finden, lief sie so schnell, daß die goldblonden Zöpfe lustig hinter ihr hertanzten und die Beeren Gefahr liefen, verschüttet zu werden.

„Elisabeth!" Der Bub schwenkte die Mütze, und dann ergriff er die Krücken, mit deren Hilfe er sich erhob und, auf sie gestützt, der kleinen Freundin langsam entgegenging.

Schon bei dem ersten Schritt, den er tat, machte Elisabeth plötzlich mitten im Laufen halt und sah, starr vor Entsetzen, auf den kurzen Beinstummel zwischen den Krücken.

„Elisabeth?!" Hans lächelte ihr zu, aber sie rührte sich nicht von der Stelle. Totenblaß war sie geworden, und wie Espenlaub bebten ihre Glieder. Sie konnte das Fürchterliche nicht so schnell fassen. Daran hatte sie nicht gedacht – nein, daran nicht!

„Elisabeth?!" klang es noch einmal bittend und fragend von Hans' blassen Lippen zu ihr durch die klare, goldene Herbstluft. Dann setzte der Bub, der ausruhend stehengeblieben war, von neuem die Krücken in Bewegung.

Atemlos schaute sie ihm zu. Doch als er nun näher und näher kam, da schrie sie mit eins laut auf, wandte sich um und ergriff die Flucht.

Um des Knaben Mund ging ein Zucken wie von verhaltenen Tränen. Er hatte geahnt, daß es so kommen würde, aber nun, da es eingetroffen war, tat es ihm bitter weh.

Die Mutter trat aus dem Haus und führte ihn zur Bank zurück, wo er matt und erschöpft auf die Decken sank. Warm und leuchtend glitten die Sonnenstrahlen über ihn hin, aber Hans meinte, es sei kalt und dunkel um ihn geworden. Er fror.

„Mutter", sagte er später, „sie hat sich vor mir erschreckt, sie wird nun nicht mehr wiederkommen."

Die Mutter streichelte leise seine abgemagerten Hände. „Sie wird schon kommen", tröstete sie.

Aber Elisabeth kam nicht. Hans wartete von einem Tag zum anderen, hoffte von dieser Woche auf die nächste – umsonst. Da wurde er nach und nach noch stiller, als das Unglück ihn ohnedies schon gemacht hatte. Stundenlang saß er im Sonnenschein an der Tür und guckte in die Luft, ohne auch nur ein Wort zu reden.

Schließlich verlernte er auch das Warten und fügte sich ins Unabänderliche.

Elisabeth litt nicht weniger. Ganz verstört schlich sie umher, und alles Zureden von seiten Barbaras und des Vaters half nichts. Sie hätte am liebsten laut hinausschreien mögen, und das Entsetzen schüttelte sie, wenn sie an die kurzen Beinstummel dachte. Sie konnte den Anblick nicht vergessen. Sonst war der Hans geklettert wie ein Eichkätzchen, nun sollte er behindert sein fürs ganze Leben! Gab es dafür einen Trost? Nein, nein – für Elisabeth nicht. Und sie brachte es nicht fertig, noch einmal zu Hans zu gehen. Unterwegs bekam sie stets das Grausen und kehrte wieder um.

In die Schule ging Hans noch nicht. Aber der Tag war nicht mehr fern, wo er wieder mit den anderen lernen sollte. Er mußte doch auch am Konfirmandenunterricht teilnehmen. Elisabeth fürchtete sich vor der Stunde, in der sie Hans würde begegnen müssen, und in kindlichem Unverstand bat sie Gott, daß er sie doch möchte krank werden lassen. Das geschah nun freilich nicht, aber etwas anderes, was ihrem Leben eine ganz neue Wendung gab. Ihr Vater starb.

Hans hätte sie gern getröstet, aber er durfte ja nicht. Seine Genesung verzögerte sich auch, so daß er Elisabeth nicht wiedersah. Als die alte Botenhanne ihm den Brief und das Buch brachte, weinte er heiße Tränen, obwohl er sonst ein tapferer Junge war. Aber daß sie so von ihm ging, das war doch hart für den armen Jungen, und nur der Nachsatz tröstete ihn: ‚daß Dich noch liebhat wie früher Deine Elisabeth'.

Das neue Heim

Es war ein grauer Nebeltag, an dem Elisabeth mit dem Onkel in der Residenz ankam. Sie hatte noch nie eine größere Reise gemacht und kannte fast nichts von der Welt. „Das heben wir uns für später auf", hatte der Vater immer gesagt, „für kleine Mädchen ist es daheim am besten." Und Elisabeth hatte sich auch niemals fortgewünscht.

Nun stand sie auf dem großen Bahnhof und schaute aus ängstlichen Augen in das sie umgebende Gewühl und Getümmel. So viele Menschen, und alle waren ihr fremd! Nicht einer nickte ihr zu und sagte: „Grüß Gott, kleines Fräulein!" wie daheim, wo sie jeden kannte. Da schossen ihr schon wieder die Tränen in die Augen, und sie fühlte sich unter der Menschenmenge einsam und verlassen.

Der Onkel ergriff ihre Hand. „Komm, Elisabeth, nun sind wir bald zu Hause."

Zu Hause! Ihr wurde weh und bang.

Sie stiegen in einen Wagen und fuhren durch das Gewirr der eleganten, belebten Straßen mitten hinein in das Herz der Großstadt. Elisabeth sah staunend um sich. Ihr war alles so neu, aber dieses Neue erfüllte sie weniger mit Freude als mit Furcht. Hier sollte sie nun leben! Hier, wo die Menschen so eng beisammen wohnten, in diesem Häusermeer, wo hohe Mauern jeden freien Ausblick versperrten, wo man selbst vom Himmel nur ein winziges Stück sah! Ach, hier konnte man ja gar nicht leben, nicht atmen, hier mußte man doch ersticken und zugrunde gehen!

Immer ängstlicher wurden ihre Augen, immer blässer das verweinte Gesichtchen, selbst die Sonne konnte das nicht ändern, die langsam mit ihren Lichthänden die Nebelschleier zerriß und das kleine bange Dorfmädel freundlich grüßte mit ihrem strahlenden Lächeln.

„Fürchte dich nur nicht", sprach der Onkel einmal, „draußen bei uns ist nicht so viel Lärm wie hier. Da wird es dir schon gefallen."

‚Draußen bei uns!' Sie hatte keine Ahnung, wo das war, aber als der Wagen nach und nach die verkehrsreichen Straßen verließ und durch ein stilles, vornehmes Villenviertel rollte, da atmete sie auf. Noch leichter wurde ihr, als man endlich weit draußen in der Vorstadt an einem grünumrankten Haus hielt, das in Sonne und Duft lag und dessen helle Fenster den jungen Gast grüßten wie freundliche Augen. Ein schmaler Kiesweg führte zwischen hochstämmigen Rosenbäumchen vom Gittertor bis zum Haus, wo auf den breiten Stufen eine alte Dame im schwarzen Seidenkleid stand, ein gleichfarbiges Häubchen mit langen Spitzenenden auf den schneeweißen Puffenscheiteln.

Das war Frau Bettina Volkhard, Elisabeths Großtante, die an einen Bruder des Großvaters verheiratet gewesen war und nun bei dem Neffen lebte. Sie zog das Mädchen mütterlich in ihre Arme und küßte es auf die Stirn.

„Willkommen, Elisabeth. Gott segne deinen Eingang."

Elisabeth beugte sich über die feine Greisinnenhand und stammelte einen schüchternen Dank. Sie kannte die Großtante noch kaum, deshalb war sie ein wenig beklommen.

Im Flur des Hauses begrüßte Mamsell Auguste, die rundliche Wirtschafterin, kniend den heimkehrenden Herrn und das junge Fräulein. Ein flinkes Dienstmädchen, von Herrn Volkhard mit ‚Anna' angeredet, führte Elisabeth auf Tante Bettinas Geheiß hinauf in das freundliche Zimmer, das man für sie hergerichtet hatte.

Der helle, lustige Raum, mit den weißlackierten Möbeln und der Schale Frühlingsblumen auf dem Mitteltisch, machte einen ungemein freundlichen Eindruck. Zu anderer Zeit würde Elisabeth das Zimmer jedenfalls jubelnd in Besitz genommen haben, denn es schien so recht geschaffen für ein junges Menschenkind, wie sie es war.

Aber heute konnte sie sich noch nicht daran freuen. Das Herz war ihr noch zu weh und wund. Nur die gelben Himmelsschlüssel entlockten ihr ein glückliches Lächeln. Sie beugte sich über die lachende Blütenpracht und sog den feinen Lenzduft ein. Himmelsschlüssel! Gerade wie daheim! Himmelsschlüssel, die der Vater so liebte.

„Fräulein Isolde hat sie hergesetzt", erklärte Anna. „Fräulein Isolde wohnt gleich hier nebenan", sie deutete auf die hohe Tür an der Längswand, „Fräulein brauchen sich also gar nicht zu fürchten."

Elisabeth nickte, legte Hut und Handschuhe ab und wusch sich den Reisestaub von Gesicht und Händen. Anna fuhr mit der Bürste ein paarmal über das schwarze Kleid und dachte dabei, wie hübsch und fein die junge Nichte Herrn Volkhards doch sei. Hatte man je schon solches Haar gesehen, das wie gesponnenes Gold glänzte, und so himmelblaue Augen?

Der Klang einer Glocke, der tief und voll durchs Haus tönte, unterbrach Annas Betrachtungen. Elisabeth sah sie fragend an.

„Mamsell Auguste hat den Kaffee serviert", erklärte Anna. „Er wird bei schönem Wetter jetzt schon auf der Veranda getrunken. Ich werde Fräulein führen."

Die Veranda war von allen Seiten mit wildem Wein umrankt, der schon die ersten hellgrünen Blättchen entfaltete. Als Elisabeth erschien, saß Herr Volkhard bereits in einem der bequemen Korbsessel.

„Nun, da bist du ja, mein Kind. Komm her –" er zog sie an sich und blickte ihr ernst in das blasse, kummervolle Gesicht – „noch einmal: willkommen! Gott gebe, daß dies Haus dir bald eine liebe Heimat werde."

Elisabeth senkte das Köpfchen und schluckte die aufsteigenden Tränen hinunter. Dann kam die Großtante, die ihr herzlich zunickte und ihr den Platz neben sich anwies. Sie hatte wohl des Hausherrn Worte gehört, denn mit ihrer gütigen Altfrauenstimme sagte sie: „Gut Ding will Weile haben. Aber wir werden dem kleinen Vogel alle helfen, daß er bald heimisch wird im neuen Nest." Dabei strich sie ihr sanft übers Haar.

Herr Volkhard sah auf die Uhr. „Isolde muß ja nun auch kommen. Aber ich denke, wir warten nicht auf sie. Ich bin von der Reise hungrig und durstig, und ich denke, Elisabeth wird es auch sein."

Die Großtante nickte. „Fangen wir also an. Willst du die Tassen füllen, Elisabeth? Dann hast du gleich ein Amt."

„Gern, Tante Bettina."

Sie ergriff die silberne Kanne und goß den starken,

duftenden Trank in die feinen Porzellantassen und versorgte Onkel und Tante mit Zucker und Sahne. Dabei waren aber ihre Gedanken schon wieder daheim. Dem Vater hatte sie auch immer so den Kaffee zurechtgemacht. Das war ihre einzige Arbeit gewesen, und sie hatte sie mit Stolz getan. Es tat ihr gut, daß sie auch hier gleich eine, wenn schon geringe Pflicht fand; denn wo man Pflichten hat, da faßt man schneller Wurzel, und gerade das Kleine ist in solchem Fall oft das Wertvolle.

Während sie dann von Mamsell Augustes vorzüglichem Kuchen nahm, schaute sie den Sonnenstrahlen zu, die durch das noch nicht sehr dichte Gezweig schlüpften und über den Tisch tanzten und sich spiegelten in dem blanken Silbergeschirr. Leise streckte sie die Hand aus und ließ eines der Lichtkinder über ihre Finger gleiten, und da kam es ihr zum Bewußtsein, daß die Sonne ja auch hier war, hier in der fremden Stadt, in dem neuen Heim, und da fühlte sie sich mit eins nicht mehr so elend, denn sie kannten sich doch! Und wie kannten sie sich? Solange Elisabeth Volkhard lebte und denken konnte, war die Sonne ihre Freundin gewesen.

Die Großtante sah, wie das ernste Gesichtchen sich aufhellte, und sie erriet Elisabeths Gedanken. Sie hatte überhaupt eine seltene Gabe, in den Herzen der Menschen zu lesen, die alte Frau.

„Schau“, sprach sie und lenkte des Mädchens Blicke zu dem geöffneten Glasdach hinauf, „da guckt der Himmel zu uns herein! Und das ist derselbe Himmel, der sich über deine Heimat spannt ...“

„Ja.“ Elisabeth lächelte unter Tränen. Sie dachte an

die Waldwiese und an das Tempelchen unter den Tannen, um das so oft die Sonnenstrahlen flirrten und das der Himmel schützend überdachte, das Tempelchen, in dem die Eltern der Auferstehung entgegenschlummerten. Und sie schluchzte leise.

Die Großtante wollte sie eben ein wenig trösten, da kamen schnelle, leichte Schritte durchs Eßzimmer, das an die Veranda stieß, und dann trat ein schlankes, braunlockiges Mädchen durch die offene Tür in das grüne Laubgemach. Es war Isolde Reich, Herrn Volkhards Mündel.

„Grüß Gott!“ rief die weiche, klangvolle Mädchenstimme. „Ihr seid ja schon mächtig in Aktion!“

„Ja, freilich“, antwortete der Onkel. „Es wird Zeit, daß du dich zur Mitwirkung bequemst.“

„Sofort.“ Sie hatte der Großtante die Hand geküßt und stand nun vor ihm. „Ein Glück, daß du wieder hier bist, Onkelchen. Wir armen Frauenzimmer haben uns ohne deinen männlichen Schutz recht unwohl gefühlt.“

„Heuchlerin!“ erwiderte er lachend.

„Im Ernst. Frage nur Tante Bettina. Wir haben abends immer erst unter alle Betten, Sofas und Schränke geleuchtet und alle Winkel abgesucht, um gewiß zu sein, daß Mörder und Diebe den Frieden des Hauses über Nacht nicht störten. Wir haben gelechzt nach deiner Heimkehr.“

„Du!“ Er kniff sie in das rosige Ohrläppchen. „Wer das glauben soll!“ Dann wandte er sich an Elisabeth. „Liebes Kind ...“

Aber Isolde unterbrach ihn. „Bestes Onkelchen, erlaube, daß ich mich allein mit der Kleinen bekannt mache." Sie umarmte Elisabeth. „Wie schön, daß du gleich mitgekommen bist! Ich habe mich so auf dich gefreut, und ich hoffe, wir werden recht bald gute Freundinnen werden."

Elisabeth hob die goldbewimperten Lider, sah in Isoldes schöne, ernste Augen und lächelte schüchtern.

‚Wie hold sie ist!' dachte Isolde und drückte sie noch einmal an sich. „Du lieber kleiner Waldvogel, du!"

Die Großtante hatte inzwischen nach frischem Kaffee geklingelt. Nun erschien Mamsell Auguste mit der Kanne.

„Hungrig bin ich und durstig zum Umsinken", erklärte Isolde.

„So setze dich und iß und trink", sagte Herr Volkhard, „dann wird sich der unerquickliche Zustand bald ändern."

„Onkelchen, du gleichst an Weisheit dem König Salomo."

„Ist das ein Wunder, wenn man tagtäglich eine so kluge Dame, wie du es bist, um sich hat?" scherzte er.

Sie lachte. Wieviel herzerfrischende Jugendluft und Jugendkraft lag in diesem klingenden Lachen, das eigentlich gar nicht zu den ernsten, nachdenklichen Augen paßte.

Elisabeth nahm die Kanne. „Darf ich?"

„Gewiß, mein Kleines."

„Zucker auch?"

„Viel Zucker sogar. Stark und süß lieb ich den braunen Trank. Danke sehr. Wie hübsch das ist, wenn man mal ein bißchen bedient und verwöhnt wird!"

„Aha, du hast wohl dein anstrengendes Studium über?" bemerkte Herr Volkhard.

„Über?“ Sie rührte in ihrer Tasse. „Keine Spur! Es wird mir jeden Tag lieber.“

„Na, na!“

„Onkelchen, beleidige mich nicht. Du weißt recht gut, daß diese Arbeit den Inhalt meines Lebens bedeutet.“

Er lächelte. „Nun ja – de gustibus non est disputandum.“

„Sicher – über den Geschmack läßt sich nicht streiten, da hast du recht. Also begraben wir das Kriegsbeil.“

Elisabeth hatte von dem Wortgeplänkel nicht viel verstanden.

„Du mußt wissen“, erklärte Herr Volkhard, „daß sich diese ehrenwerte Dame in den Kopf gesetzt hat, Medizin zu studieren.“

„Ja“, gab Isolde zu, „und daß sie nichts Schöneres und nichts Beglückenderes kennt als ihr Studium.“

Elisabeth sah mit fast ehrfürchtigem Staunen auf die Hausgenossin. Eine Studentin also, eine richtige Studentin war Isolde! Sie hatte sich eine solche ganz anders vorgestellt. Gar nicht so schlicht und lustig wie sie.

„Wo warst du denn heute nachmittag?“ erkundigte sich die Großtante, die reges Interesse an Isoldes Arbeit hatte. „Im Kolleg?“

„Nein, Tante Bettina, in der Anatomie. Wir hatten eine wundervolle Leiche.“

„Brr!“ machte Herr Volkhard und schüttelte sich.

„Onkelchen, wie gut, daß es auch Menschen gibt, die nicht ‚brr!‘ sagen, sondern herzhaft zugreifen, wo es sein muß.“

„Hab dich nur nicht so, Mädel! Anfangs war dir ja doch meist schlecht, wenn du aus der Anatomie heimkamst."

„Meist!" entrüstete sie sich. „Zwei- oder dreimal höchstens, bis ich mich daran gewöhnt hatte. Weil ich es wollte, überwand ich den Ekel schnell."

„Ja, wir haben jetzt außerordentlich starknervige Frauenzimmer", spottete er gutmütig.

„Gott sei Dank, daß es so ist", warf die Großtante ein.

Isolde nickte ihr zu. „Übrigens, bester Onkel", meinte sie dann, „könntest du mir zuliebe mal ein bißchen krank werden."

„Ich? Danke schön! Verschaffe dir nur ein anderes Versuchskaninchen, Jungfer Isolde."

Sie seufzte in drolliger Bekümmernis. „O Aeskulap! Niemand ist bereit, dir ein Opfer zu bringen! Aber wenn ihnen das Messer an der Kehle sitzt, wenn sie krank sind, dann schreien sie nach dir!"

Als die Vesperstunde vorbei war, ging Isolde mit hinauf in Elisabeths Zimmer, um ihr beim Auspacken behilflich zu sein.

„Ich bin dafür, immer alles so schnell wie möglich in Ordnung zu bringen", sagte sie. „Aufschub nützt in den seltensten Fällen, hier aber gar nicht. Du wirst viel leichter heimisch werden, wenn du dich unter deinen eigenen Sachen bewegen kannst."

Und es war wunderbar, wie geschickt sie alles anfaßte, wie sie es verstand, den Dingen den rechten Platz zu geben, und wie flink ihr alles von der Hand ging. Dabei plauderte sie von Onkel Volkhard und Tante Bettina, um Elisabeth auf diese Weise ein wenig vertraut zu machen mit den Verhältnissen und dem Leben im Hause.

Als die Koffer geleert waren, mußte Anna dieselben sofort auf den Boden schaffen.

Über dem Schreibtisch hatte Isolde das Bild der Eltern aufgehängt. Eigenhändig schlug sie den Nagel in die Wand. Die kleine Photographie von Hans wurde in einen hübschen Rahmen gesteckt, den sie aus ihrem Zimmer holte, und kam neben die Bücher auf den Schreibtisch.

„So – fertig! Ist es nicht sehr freundlich hier?"

Elisabeth nickte.

„Schau nur", Isolde trat an das breite Fenster, „von hier aus kannst du jeden Morgen die Sonne aufgehen sehen, wenn du es nicht verschläfst."

„Und wenn sie überhaupt aufgeht", setzte Elisabeth hinzu.

„Dummerchen! Das tut sie doch jeden Tag."

„Manchmal sind aber Wolken ..."

„Wenn auch. Deshalb ist sie trotzdem da. Sie hat sich nur ein Weilchen versteckt. Sie kommt wieder – sicher – und wenn es noch so dunkel ist um uns und in uns – und wenn man glaubt, es könne nie wieder hell werden. Aber es wird doch. Unversehens ist die Sonne wieder da. Merke dir das, kleiner Waldvogel."

„Ja", antwortete Elisabeth, die recht gut fühlte, weshalb Isolde das alles gesagt hatte. Und sie merkte auch schon, wie es ganz langsam wieder hell wurde.

Dann nahm Isolde sie mit hinüber in ihr Zimmer. Da sah es ganz anders aus als in Elisabeths hellem Reich, viel ernster und dunkler waren hier die Farben. Das machten wohl die Bücher und der große Schreibtisch.

Aber eine Schale Blumen fand sich auch hier. Isolde liebte die Blumen.

Elisabeth staunte die Menge Bücher an.

„Ja, die sind mein Stolz und mein Glück. Alles gute Freunde."

„Warum studieren Sie Medizin?" fragte Onkel Volkhards Nichte schüchtern. Sie wagte noch gar nicht recht zu reden, so beklommen war sie von all dem Neuen.

Isolde nahm den blonden Kopf in ihre beiden Hände. „Erstens heiße ich ‚du', verstanden? ‚Isolde', falls du es noch nicht weißt, Lisamädel!"

In Elisabeths Augen schossen plötzlich die Tränen, und schluchzend versteckte sie ihr Gesicht an Isoldes Schulter.

„Liebling? Was ist?" fragte Isolde erschrocken. Sie konnte sich den schnellen Gefühlsausbruch nicht erklären.

„Ach – nichts – nur – mein Vater nannte mich immer so ..."

„Lisamädel?"

„Ja."

„Dann will ich es nicht wieder tun."

„Doch, doch. Ich mag es gern. Und von dir besonders."

„Ja? Mein Kleines! Mein armes, liebes Kleines!" Sie streichelte sanft das goldene Haar. „Wenn dir einmal sehr weh ist, dann komm zu mir, ja? Ich verstehe dich. Ich habe ja auch keinen Vater und keine Mutter mehr – und deshalb wollen wir uns lieb haben, nicht?"

Elisabeth schmiegte sich in ihre Arme.

„Ich habe mich so auf dich gefreut, Lisamädel."

Und dann saßen sie beide zusammen auf der Chaiselongue. Der Frühling duftete leise durch den dämmerdunklen Raum, und Isoldes weiche Stimme erzählte, wie sie hierhergekommen war, ganz arm, und wie Onkel Volkhard sie in die Schule geschickt hatte und sie nun auch studieren lasse, weil sie es so heiß gewünscht hatte.

„Denn siehst du, ein Ziel muß der Mensch haben. Und das ist nun meines. Ich will nicht so unnütz in der Welt herumlaufen, denn dazu hat uns Gott nicht geschaffen, sondern zur Arbeit, die ein Segen sein soll für uns und andere."

Sie redete zu Elisabeth wie zu einer Gleichaltrigen, und deren junge Augen schauten dabei ernst und nachdenklich vor sich hin.

„Ich will mich nicht bloß vergnügen auf der Welt", sprach Isolde weiter, „ich will schaffen, den Menschen helfen – denn wozu hätte man sonst seine Kraft!"

„Ja, das ist sehr schön, aber auch sehr schwer. Ich könnte nie Ärztin werden. Ich würde mich fürchten."

„Fürchten? Wieso denn?"

Elisabeth antwortete nicht gleich, dann aber erzählte sie Isolde von Hans, wie sie sich entsetzt hatte vor den Beinstummeln. „Und auch jetzt noch – ich kann nicht daran denken ..."

„Oh, das wirst du gewiß überwinden! Du mußt nur ehrlich wollen. Weißt du, vielleicht hat Gott den Hans auch deinetwegen mit zum Behinderten werden lassen."

„Meinetwegen?" stammelte sie fassungslos. „Aber warum denn?"

Isolde küßte sie. „Damit du lernen sollst."

„Lernen? Was denn?"

„Vielerlei. Nach und nach wirst du es schon merken. Selbstüberwindung ist das eine, und damit fangen wir gleich heute an, nicht wahr?"

„Ja", erwiderte Elisabeth. Ihr war, als könne sie alles, was Isolde von ihr forderte. Etwas von des Mädchens heiterem Mut und froher Kraft schien auch in ihre Seele überzugehen. „Ich möchte werden wie du", sagte sie bewundernd.

„O Lisamädel, da würdest du nicht eben viel! Aber wir wollen uns gegenseitig helfen, daß wir vorwärtskommen, nicht? Wir wollen daran festhalten, daß Jesus gesagt hat: ‚Ihr sollt vollkommen sein!' Wir wollen nach dieser Vollkommenheit streben."

„Ja, Isolde. Und ich möchte auch eine Arbeit haben wie du."

Isolde lächelte und nickte. „Die wird sich schon finden."

An diesem Abend saß die junge Studentin noch lange über ihren Büchern, um das nachzuholen, was sie am Tag bei dem Geplauder mit Elisabeth versäumt hatte.

Vor dem Schlafengehen trat sie noch einmal leise in das Nebenzimmer, wo Herrn Volkhards Nichte bereits in festem Schlummer lag. Voll Rührung schaute sie auf das schlafende Mädchen, dessen liebliche Züge die flackernde Kerze beleuchtete. Isolde hatte sich immer eine Schwester gewünscht. Nun hatte Gott den Wunsch erfüllt, und sie war innig dankbar dafür. Wie liebte sie Elisabeth schon, wie nahe stand sie bereits ihrem Herzen! Aber sie war sich auch bewußt, daß ihr mit dem Geschenk Pflichten auferlegt wurden, daß sie Elisabeth vorangehen mußte im Guten. „Lieber Heiland", betete sie in dieser Nachtstunde, „führe du mich gnädig den Weg des Lichtes um meinet- und um Elisabeths willen."

Onkel Volkhard und Tante Bettina

Herr Volkhard meinte, daß Elisabeth noch etwas lernen müsse; denn draußen in der kleinen Dorfschule hatte sie sich nicht zuviel mit Weisheit vollgesogen. Elisabeth war es ganz recht, und Onkel Volkhard meldete seine Nichte bereits in den nächsten Tagen in einem der ersten Institute der Residenz an.

Mit heißer Angst ging Elisabeth dann hin, und blaß und gedrückt kam sie am Mittag heim.

„Wie war es denn?“ fragte die Großtante.

„Nicht sehr schön. Du glaubst nicht, wie dumm ich bin, Tante Bettina. Ein richtiges Dorfmädel. Die anderen sind entsetzlich klug.“

Die alte Dame schüttelte mit einem feinen Lächeln den Kopf. „Das erscheint dir nur so, Elisabeth, weil du noch fremd bist unter ihnen.“

„Meinst du?“ kam es zweifelnd von den jungen Lippen.

„Ja, und ich bin überzeugt, daß du sie mit ein wenig Fleiß bald erreicht haben wirst.“

Diese freundlichen Worte belebten Elisabeths Mut. „Fleiß? Tante Bettina, daran soll es gewiß nicht fehlen. Ich werde lernen, lernen, lernen – damit niemand mehr über das dumme Dorfmädel lachen darf.“

„Hat man das heute getan?“

Sie errötete. „Ja – ein paarmal. Es war gräßlich. Und siehst du, als ich merkte, was die anderen alles wußten und wie schnell sie antworteten, da wurde mir so bang, daß ich kaum zu reden wagte, wenn man mich fragte. Nachher ließ es der Herr Doktor auch ganz sein. Jedenfalls ärgerte er sich und war sehr böse über meine Dummheit."

„Nein, er wird das getan haben, um dir Zeit zu lassen. Du solltest dich erst ein bißchen eingewöhnen ..."

Das war ein süßer Trost für Elisabeth. Überhaupt fand sie, daß die Großtante wunderschön trösten konnte, denn ihr wurde nach und nach leicht und frei ums Herz.

„Wir wollen Onkel Volkhard bitten, daß er dir nebenbei noch Privatunterricht geben läßt", meinte Tante Bettina nach einigem Überlegen. „Möchtest du das?"

„O ja! Das wäre gewiß gut."

„Was wäre gut?" erkundigte sich Herr Volkhard, der hinter ihrem Rücken eingetreten war.

Man sagte es ihm, und er willigte gern ein, was Elisabeth ungemein beruhigte.

„Jetzt bin ich wieder froh. Das verdanke ich dir, Tante Bettina."

„Nicht mir, Kind. Ich habe ja nichts getan", wehrte sie freundlich ab.

„Doch."

„Nun, was?"

„Ich kann es nicht mit Worten ausdrücken, aber ich fühle es. Du kannst so gut trösten", setzte sie hinzu.

„So? Ja, das macht wohl die Übung."

„Hast du schon viele Menschen getröstet?"

Die Großtante faltete die feinen Hände im Schoß und sah darauf nieder. „Es gibt so viel Kummer auf Erden und so viele Tränen", sprach sie, „da kommt die Gelegenheit oft. Und wenn man schon so lange lebt wie ich, siehst du, da muß man das Trösten am Ende seiner Tage doch nun können."

„Am Ende seiner Tage ...“ wiederholte Elisabeth. „O Tante Bettina, du stehst doch noch nicht am Ende! Du bist noch so gesund und rüstig!“

„Ich bin zweiundsiebzig Jahre alt, Kind.“

„Deswegen?!“

Auf dem Antlitz der Greisin lag ein heiterer Friede. „Nun – wie Gott will!“

Man merkte deutlich, daß der Tod für sie alle Schrekken verloren hatte, daß sie sich freute auf ihren Heimgang.

* * *

Elisabeths Zimmer, das nur zum Tändeln und Spielen bestimmt schien in seiner hellen Zierlichkeit, sah von jenem Tage an erste Lernstunden. Das Mädchen war von einer Ausdauer, welche die anderen oft in Erstaunen setzte. Mit einer Schnelligkeit und Leichtigkeit eignete sie sich die fehlenden Kenntnisse an, so daß sie bald mit den übrigen Schülerinnen auf gleicher Stufe stand. Sie war glücklich darüber, aber Herr Volkhard, der sie oft von den Büchern hinaus in den Garten trieb, weil er blasse Wangen fürchtete, meinte, Isolde habe Elisabeth angesteckt, und oft schalt er auf die unnütze Lernerei, wenn sie alle beisammen waren. Aber er meinte es nicht so, das wußten beide Mädchen, und deshalb lachten sie und ließen sich das Schelten gefallen.

„Ich leugne gar nicht, daß Isolde mich angesteckt hat“, sagte Elisabeth bei einer solchen Gelegenheit, „und ich bin froh, daß es so ist.“

„Ach, du Kleines!“ Die Studentin zog sie an sich. „Du Sonnenstrahl!“

„Das bin ich ja gar nicht. Die Sonne bist du."

Isolde lachte. „Wohl deshalb, weil ich euch allen immer gehörig warm mache?"

„Stimmt", ließ sich Herr Volkhard vernehmen. „Wenigstens in bezug auf mich. Das Warmmachen verstehst du gründlich."

„Aber auch das Hellmachen", verteidigte Elisabeth sie.

„Ja, freilich, sie steckt einem manchmal ein ordentliches Licht auf."

„Wenn ich das tue", wandte Isolde ein, „dann ist es auch nötig."

„Das heißt, du bist von der Notwendigkeit überzeugt."

„Natürlich. Sonst würde ich ja die Finger davon lassen und mir den Mund nicht fusselig reden. Aber seine Überzeugung muß man vertreten, sonst ist man ein Waschlappen."

„Ja, und du vertrittst sie immer besonders temperamentvoll und tyrannisierst dadurch das ganze Haus. Du hast das Regiment, das wissen wir alle."

„Oh, ich dachte, das hättest du?"

„Ich? Behüte. Ich stehe ja grenzenlos unter dem Pantoffel."

„Na, na, Onkelchen!" sagte Elisabeth.

„Vielleicht nicht? Und jetzt hilft auch noch die Kleine."

„Ich helfe doch nur, weil wir dich liebhaben."

„So?"

„Dürfen wir das nicht, Onkelchen?"

„Dürfen?" antwortete Isolde statt seiner. „Da wird er gar nicht gefragt. Das wäre ja noch schöner, wenn man dazu erst einen Erlaubnisschein haben müßte. ‚Gestatten Sie, daß ich Sie ein bißchen liebe?' I wo! Liebe ist vogelfrei. Ich kann lieben, wen ich will."

„Und tust das wohl recht ausgiebig?" neckte er.

„Seid umschlungen, Millionen! Diesen Kuß der ganzen Welt!" sang sie übermütig und drückte ihre Lippen auf die bärtige Wange des alten Herrn. Dann aber wurde sie ernst.

„Man kann ja gar nicht genug lieben. Es sind so viele, die Liebe brauchen, die man ans Herz nehmen müßte – aber man ist oft so schwach und nachlässig und versäumt manche Liebespflicht."

„Du doch nicht", widersprach Elisabeth.

„O ja, Kleines. Ich erst recht. Der Egoismus sitzt einem zu tief im Blut."

Herr Volkhard stimmte ihr zu. Er verstand sie, denn er kannte ihr ehrliches Ringen und Vorwärtsstreben, aber er wußte auch, daß mancher Löwe auf dem Weg lag, der erschlagen werden mußte, um die Bahn frei zu bekommen. Er hatte die Erfahrung tausendmal an sich selbst gemacht. Wenn er gern neckte und spottete, so durfte man nicht denken, daß dies der Grundzug seines Wesens war. Den bildete vielmehr ein tiefer Ernst, und diesem Ernst entsprangen als köstliche Blüten eine edle Güte und eine sich selbst verleugnende Menschenliebe. Ohne dieselbe würde er wohl kaum die beiden Waisen in sein Haus aufgenommen haben, vielleicht nicht einmal Tante Bettina. Isolde hatte er ganz erzogen. Sie war die Tochter seines einzigen Freundes und schon in ihrem fünften Lebensjahr zu ihm gekommen.

„Was ich bin", sagte sie selbst, „das verdanke ich ihm, seiner Liebe und Leitung. Was Gutes in mir ist, hat er geweckt. Dann, als Tante Bettina zu uns zog, hat sie ihm geholfen. Ich kann diesen beiden Menschen nie vergelten, was sie an mir getan haben, und wenn ich das Alter Methusalems erreichte."

Wenn Isolde so Herrn Volkhards Vorzüge ins Licht rückte, oder wenn Elisabeth selbst sah und fühlte, wie gut er war, fand sie in all dem doch nichts Besonderes, denn er war ja ihres Vaters Bruder. Das erklärte alles. Der Heimgegangene war für sie der Inbegriff aller Tugenden; alle Vorzüge des Menschen vereinigten sich in seiner geliebten Person, und sie fand es ganz natürlich, daß der Onkel ihm glich, und ihr junges Herz war schnell bereit, ihn zu lieben und zu verehren, wie sie den Verklärten liebte und verehrte. Nie, das wußte sie, würde sie Vater und Heimat vergessen, aber das schloß doch nicht aus, daß sie mit der Zeit auch hier in der neuen Umgebung Wurzel faßte, daß sie wieder lachen lernte wie früher und der alte Kinderfrohsinn zu ihr zurückkam.

Als sie nun ihre Altersgenossinnen im Institut eingeholt hatte durch das fleißige Lernen, glaubten Tante Bettina und Onkel Volkhard, sie würde jetzt etwas nachlassen. Aber das geschah nicht. Wie zuvor nutzte sie jede freie Minute. Durch Isolde, die immer sagte, man müsse ‚des Lebens Schätze goldigrot aus jeder flüchtigen Sekunde heben', hatte sie den Edelwert der Stunde kennengelernt, und so wurde es ihr zur Gewohnheit, die Zeit soviel wie möglich auszunützen, jedem Augenblick womöglich einen schönen Inhalt zu geben. Herr Volkhard stellte die Arbeit ungemein hoch im Leben, und Isolde, die er erzogen hatte, tat das auch, ebenso die Großtante, die trotz ihres hohen Alters noch fleißig schaffte. Und Elisabeth, die nun zwischen all diesen Menschen stand, konnte gar nicht anders, als ihren Spuren folgen. Isolde sah oft mit Rührung die Ausdauer der jungen Gefährtin, die diese in allen Dingen, es mochte was immer sein, an den Tag legte. ‚Sie wird einmal ihren Platz ausfüllen im Leben', dachte sie dann oft. Trotzdem sagte sie ihr aber: „Lisamädel, du bist ja noch ein halbes Kind. Du darfst doch noch spielen."

Da schüttelte Elisabeth den Kopf.

„Auch Spiel ist nicht nutzlos", fuhr Isolde überredend fort. „Auch das Spiel kann der Stunde Wert verleihen, ihr einen schönen Inhalt geben."

„Was soll man denn spielen? Ohne Hans kann man es doch gar nicht. Und dann hier – da hat man ja auch keinen Platz."

Isolde lachte. „Anspruchsvolles Ding! Ist denn der Garten nicht groß genug? Für dich Liliput wird er wohl noch reichen."

„Ach, der Garten! Das ist nichts. Bei uns daheim hatte man die Waldwiese, weißt du, und die Felsen und die Ruine ..." und sie begann von dem Königsspiel zu erzählen und vergaß darüber das Heimweh, das in ihr hatte aufwachen wollen. „Siehst du nun, daß man hier nicht spielen kann, Isolde?" schloß sie und seufzte ein wenig.

„Freilich kann man es. Warte nur bis zum nächsten Sonntag, da will ich dir zeigen, wie schön man es kann und wie gern auch die große Isolde noch spielt!"

Der Sonntag war für die Bewohner des kleinen Landhauses stets ein Feiertag in des Wortes tiefster und schönster Bedeutung, ‚eine Sonne, die durch die ganze

Woche leuchtet und strahlt', pflegte Isolde zu sagen. Da wurde keine Arbeit vorgenommen, da ruhte man und badete die Seele rein von dem Alltagsstaub in der Feierstille. Auch die Arbeit der Dienstboten wurde auf die nötigsten Verrichtungen beschränkt, damit ihnen Zeit bleiben sollte für den Kirchgang.

Isolde und Elisabeth besuchten immer gemeinsam mit Onkel und Großtante den Gottesdienst. Dann machte Isolde oft Besuche bei armen Kranken, die sie durch ihr Studium in der Klinik oder im Spital kennengelernt hatte. Elisabeth begleitete sie regelmäßig auf diesen Gängen, und es waren besonders die Kinder, denen sie bei solchen Gelegenheiten ihre Aufmerksamkeit und zärtliche Fürsorge schenkte. Auch mit manchem Behinderten kam sie in Berührung, und jetzt weckte der Anblick der armen Geschöpfe nicht mehr Grauen und Entsetzen in ihr, sondern allein heißes Mitgefühl. So weit hatte sie es schon in der Selbstüberwindung gebracht, was Isolde mit inniger Freude bemerkte. Elisabeth würde es immer besser lernen, davon war sie fest überzeugt, so wie sie glaubte, daß alles Leid den Menschen nur gegeben wird, um sie besser zu machen, um sie zu vertiefen und ihre Seelen der Vollkommenheit entgegenzuführen.

An den Sonntagnachmittagen unternahm man meist einen weiten Spaziergang, oder war das Wetter schlecht, so las und musizierte man daheim. Oftmals ging man mit Tante Bettina auch in das Nähkränzchen zu einer alten Pastorenwitwe, wo sonntags für die Armen der Gemeinde gearbeitet wurde. Ob aber Regen oder Sonnenschein – immer waren die Feiertage so schön, daß man sich während der ganzen Woche darauf freute.

An dem Sonntag, auf den Isolde ihre junge Gefährtin vertröstet hatte, war Herr Volkhard verreist, und Tante Bettina erwartete den Besuch einer Jugendfreundin.

„Da sind wir daheim ohnedies völlig überflüssig, Lisamädel, und das paßt fein für uns. Gleich nach Tisch, wenn Tantchen sich zur Mittagsruhe zurückgezogen hat, werden wir aufbrechen, um recht viel Zeit zu haben."

Und das taten sie auch. Kaum hatten sie Tante Bettina mit zärtlichen Küssen in dem bequemen Lehnstuhl untergebracht, so holten sie sich Hut und Handschuhe und gingen. Isolde schob noch ein Stück Bindfaden in ihr Handtäschchen und eine kleine Schere, gab Mamsell Auguste in aller Geschwindigkeit ein paar Anweisungen und folgte dann Elisabeth, die schon am Pförtchen wartete. Klirrend fiel die kleine Gittertür hinter ihnen ins Schloß, und leichten, federnden Schrittes wanderten sie am Fluß entlang, hinein in die blaue Frühlingsherrlichkeit.

Isolde hatte Elisabeths Hand ergriffen. „Lisamädel, jetzt wollen wir einmal froh sein und lustig, so recht wie die Kinder!"

Elisabeth lachte ihr in das frische Gesicht. „Ja, Isolde, das wollen wir." Und sie sprangen leichtfüßig über einen Graben am Wegrand.

Es war ein köstlicher Maitag. Die ganze Natur glich einem Blütenmeer und jeder Windhauch einer Duftwelle. Wolkenlos, in leuchtender Klarheit spannte sich des Himmels Lichtgezelt über die bräunlichen Fluren, durch die der silberschimmernde Fluß seine Wasser in anmutigen Windungen trug.

Jenseits des Flusses bauten sich bewaldete Hügel über der Ebene auf. Einer derselben war Isoldes Ziel.

In fröhlichem Geplauder, die Herzen voll Sonne, so stiegen sie den schmalen Bergpfad hinauf zur Höhe. Manchmal verließen sie auch den Weg und bahnten ihn sich seitwärts selbst durchs Gebüsch, was Isolde besonders gern tat. Sie wanderte mit Vorliebe ins Blaue hinein, ohne Weg und Ziel, weil es da so viele herrliche Überraschungen gab, wie sie meinte.

Auch jetzt gab es eine solche Überraschung, die beiden Mädchen einen Schrei des Entzückens entlockte. Sie fanden eine große Waldblöße, die ganz mit Maiblumen übersät war. Jubelnd nahmen sie Besitz von der weißen duftenden Blütenfülle, die so üppig dem lenzigen Boden entquoll, daß sie schier nicht zu bergen war.

„Einen großen Strauß davon nehmen wir für Tante Bettina mit heim“, sagte Isolde.

„Ja, und von den übrigen Blumen winden wir Kränze“, setzte Elisabeth glücklich hinzu.

Emsig sammelten sie, dann suchten sie sich ein Plätzchen zum Rasten im weichen Waldgras, und während Isolde den Strauß ordnete, begann Elisabeth die weißen Blüten geschickt zum Kranz zusammenzufügen. Überrascht sah Isolde auf das anmutige Gebinde, das unter den Händen des Mädchens entstand.

„Wie schön du das kannst, Lisamädel!“

„Ich habe es doch auch schon oft genug getan.“

Nach einem Weilchen war der erste Kranz vollendet.

„Da – fertig! Komm, neige dein Haupt, du schönste der Jungfrauen, daß ich dich schmücke mit der Krone des Frühlings“, sprach Elisabeth übermütig, und Isolde ließ sich lächelnd den leichten Kranz ins Haar drükken.

„Dank, Lisa. Nun aber winde auch einen für dich. Dann sind wir König und Königin von Lenzes Gnaden. Einen goldenen Thron haben wir zwar nicht, aber dieser grüne Samt“ – sie deutete auf die schwellenden Moospolster – „ist auch fein und köstlich.“

Nicht lange und Elisabeth hatte den zweiten Kranz gewunden. Isolde nahm ihn ihr aus der Hand.

„Ich kröne dich, geliebte Königsfrau! Meinen grünen Samtthron will ich mit dir teilen, und mein Königreich gehöre dir, wie dir mein Herz gehört.“

„O Isolde!“ jauchzte Elisabeth auf, „du machst das herrlich!“

„Ja? Glaubst du nun, daß ich noch spielen kann?“

Sie saßen dicht nebeneinander und boten ein gar liebliches Bild. Die braunlockige Isolde mit den ernsten klugen Augen sah nicht weniger hübsch aus in dem Lenzschmuck als die goldhaarige Elisabeth.

„Da sind noch Blumen übrig. Erlaubt mein hoher Gemahl, daß ich auch sie zum Kranz winde?“ fragte Elisabeth voll lieblicher Schelmerei.

„Gewiß. Das ist eine durchaus Beschäftigung.“

Isolde reichte ihr selbst die Blumen zu, die sie büschelweise mit jungen Birken- und Buchengrün aneinanderfügte.

„Was tun wir damit? Er wird groß. Wollen wir ihn im Tantenstübchen an die Wand hängen?“

„Nein. Unten am Waldrand liegt ein kleiner Friedhof. Dorthin wollen wir ihn tragen und auf ein vergessenes Grab an der Mauer legen“, erwiderte Isolde mit weicher Stimme.

„Ja."

Nach einer Weile begann die ‚Königsfrau' bei ihrer Arbeit zu singen, erst leise, dann lauter, und endlich stimmte auch Isolde in den Refrain ein, obschon sie das kleine Lied noch nie gehört hatte. Aber es gefiel ihr.

„Daheim sangen wir es immer, Hans und ich", erklärte Elisabeth träumerisch.

„Sag mir den Text, dann wollen wir es gemeinsam singen."

Sie tat es. Er lautete:

„Juchhei! Blümelein!
Dufte und blühe!
Strecke alle Blätter aus,
wachse bis zum Himmel raus!
Juchhei! Blümelein!
Dufte und blühe!
Juchhei! Vögelein!
Klinge und singe!
Blütenhain und Sonnenschein,
Frühling tanzt den bunten Reih'n!
Juchhei! Vögelein!
Klinge und singe!
Juchhei! Menschenherz!
Singe und klinge!
Wolltest du das letzte sein,
da sich alle Wesen freun?
Juchhei! Menschenherz!
Singe und klinge!"

„Es ist wunderhübsch“, sagte Isolde und summte leise die Melodie.

Da begann ein Vöglein im Gezweig zu zwitschern.

„Ach, unsere Hofkapelle stellt sich ein. Wir bitten, Herr Kammersänger.“

Und der kleine Vogel schmetterte aus voller Kehle sein Lied in die blaue Luft.

„Bravo! Bravo!“ Isolde klatschte in die Hände.

„Piep?“ fragte das Vögelein.

„Wir danken vorläufig. Frau Libelle wird uns ein Solo tanzen.“

Das schimmernde Insekt, das mit zitternden Flügeln an einem Buchenblatt hing, schwebte heran, wiegte sich auf und nieder und husch – war es verschwunden.

„Ein bißchen kurz, aber recht graziös“, kritisierte der ‚König‘ mit der Maiblumenkrone. „Wünscht meine hohe Gemahlin nun das neueste Mückenballett zu sehen?“

Elisabeth nickte lachend und sah hinüber zu dem Mückenschwarm, der im Sonnenlicht tanzte.

Inzwischen hatte Isolde ein paar Ameisen entdeckt.

„Guten Tag, vielliebe Untertanen. Was führt euch vor unseren Thron? Die Ungerechtigkeit der grausamen Menschen, sagt ihr? Hm! Was ist geschehen? Redet!“ Sie neigte das Haupt, als lausche sie dem, was die kribbelnden Ameisen erzählten. „So, so – die Ameisenburg mit einem Knüttel zerstört, so daß alle Gänge und Zimmer der oberen Stockwerke eingefallen sind und die Larven in großer Gefahr schwebten? Hm! Ich werde die Schuldigen bestrafen! Indessen geht heim, vielliebe Ameisen, und baut von neuem auf, was zerstört wurde. Wir kennen euren Fleiß und loben ihn.

Nur nicht mutlos werden. Immer neu beginnen und ohne Zagen das Werk fortgesetzt, auch wenn ringsum Feinde mit Zerstörung drohen. Auf halbem Wege bleibt kein Tapferer und Tüchtiger stehen."

Gedankenvoll hatte Elisabeth zugehört. Wie schön Isolde das sagte, und was man auch im Spiel alles von ihr lernen konnte!

Die Sonne begann zu sinken. Goldrot stand der mächtige Feuerball hinter den Bäumen, deren Wipfel sich noch wiegten im leuchtenden Licht, während drunten im Tal schon das graue Nebelgewand der Abendfrau wehte.

Schweigend genossen Isolde und Elisabeth das herrliche Schauspiel. Dann brachen sie auf und wanderten hinunter zum Waldfriedhof, wo sie auf das schmuckloseste, verlassenste Grab ihre Kränze legten.

„Jetzt hat der Schläfer da unten auch seinen Teil von der Frühlingsherrlichkeit", meinte Isolde und faltete darauf wie Elisabeth die Hände zum stillen Gebet.

„Nun komm nach Hause, Kleines. Man wird uns längst erwarten."

Elisabeth hing sich an ihren Arm. „O Isolde, welch ein schöner Tag war das!"

„Ja", sagte Isolde lächelnd und schaute auf den roten Lichtstreifen, der sich quer über den Fluß zog. „Wie schön der Tag! Wie schön das Leben!"

Der Besuch im Heim

Herr Volkhard suchte einen neuen Hausmeister, weil der seine schon alt war und sich zur Ruhe setzen wollte. Er ging bei der Wahl des neuen mit einer gewissen Vorsicht zu Werke, denn er gedachte, bedürftigen Leuten die gute Stellung zu geben.

Da kam Elisabeth eines Mittags später als sonst und mit allen Zeichen einer gewaltigen Aufregung zu Tisch. Man hatte schon auf sie gewartet, und nun begann sogleich das Essen. Aber bereits nach dem Tischgebet, das immer sie sprach, und noch ehe sie einen Löffel Suppe zu sich genommen hatte, platzte sie mit dem heraus, was sie so ganz beschäftigte.

„Onkel, ich habe einen Hausmeister für dich gefunden!"

Herr Volkhard sah erstaunt auf. „Du? Der Tausend! Auf den bin ich neugierig."

„Darf er Kinder haben?"

„Ja, wenn er welche hat, müssen wir sie ihm wohl lassen."

„Auch wenn es viele sind?"

„Na, eine ganze Kleinkinderschule wird er wohl nicht mitbringen!?"

„Nein", beruhigte sie, „es sind bloß elf."

Die anderen lachten.

„So, bloß elf?" sagte Herr Volkhard. „Nun, das geht ja noch."

„Nicht wahr? Und sie sind alle so lieb und brav."

„Selbstverständlich. Jedenfalls die reinen Engel. Aber woher kennst du denn diese famose Familie, Kleines?"

„Durch Isolde."

Isolde war sehr überrascht. Sie konnte sich nicht entsinnen, unter ihren Schützlingen derzeit eine so kinderreiche Familie zu haben.

„Lisamädel, du irrst dich ..."

„Nein, Isolde. Es ist der Lackierer Heinel, der an Bleivergiftung im Krankenhaus lag."

„Der hat elf Kinder?"

„Ja."

„Wie hast du denn das erfahren?"

„Er hat es mir erzählt."

„Höre, Elisabeth, du scheinst aber wirklich nette Bekanntschaften zu kultivieren", neckte der Onkel.

Tante Bettina wollte wissen, wie Elisabeth heute mit dem Heinel zusammengekommen war.

„Er saß auf der Bank in den Anlagen und wärmte sich, denn die Sonne schien dorthin. Er kannte mich gleich wieder, als ich vorbeiging, und grüßte. Da blieb ich stehen, um zu erfahren, wie er sich befände. Er meinte ‚besser', aber nun habe er keine Arbeit, und die Kinder wollten doch ernährt sein. Die Frau ist Plätterin, aber ihr Verdienst reicht nicht aus für alle, denn elf Kinder, denkt nur, was die brauchen!"

„Freilich."

„Und siehst du, Onkelchen, da dachte ich nun ..."

„Der Hausmeisterposten möchte den Leuten gut sein, was?"

„Ja", antwortete sie mit strahlenden Augen. „Nicht wahr, du tust es? Platz genug haben ja alle im Seitengebäude."

„Ich will es mir überlegen."

„Aber bitte, ein bißchen schnell, Onkelchen", bat

sie halb schelmisch, halb verlegen. „Ich habe nämlich den Mann schon mitgebracht. Er wartet draußen."

„Haha! Die Kleine geht aber forsch vor. Das will bedacht sein, Kind."

Sie stand auf und huschte durch das sonnenhelle Zimmer zu ihm hin, denn er hatte seinen Platz an der anderen Seite des breiten Tisches. „Onkelchen", sprach sie, sich an ihn schmiegend, „ich kenne jemanden, über dessen Bett hängt der schöne Spruch: ‚Was ihr tut, das tut ohne Murren' ..."

Da konnte Herr Volkhard nicht länger widerstreben, denn er selbst war dieser ‚jemand'. Und da auch Isolde den Heinel als durchaus rechtschaffen pries, gab er nach.

„Gut. Der Mann soll kommen. Ich will mit ihm reden. Wo hast du ihn denn deponiert?"

„In der Küche. Die Mamsell füttert ihn ein wenig."

„So mag er in Ruhe essen. Dann schicke ihn in mein Zimmer."

Niemand war dazu schneller bereit als Elisabeth, und es dauerte nicht lange, so war Herr Volkhard mit ihrem Schützling einig. Schon am nächsten Tag zog die Familie in das schmucke Seitengebäude ein.

„Wir werden das dem Herrn nie vergessen", hatte der Mann unter Tränen gelobt. „Der Herr wird mit uns zufrieden sein."

„Das hoffe ich, Heinel. Aber nicht mir haben Sie es zu danken, sondern meiner Nichte Elisabeth, die sich für Sie und Ihre Familie verwendete."

„Ich weiß. Das Fräulein hat ein Herz für uns arme Leute. Das fühlt man und das tut gut. Wir Armen merken oft, ein wie großer Unterschied zwischen Geben und Geben ist. Manchmal gibt bloß die Hand, und das Herz weiß nichts davon. Es mögen ja viele sein, denen das gleich ist, aber wir, sehen Sie, Herr Volkhard, wir sind darin ein bißchen empfindlich, was gewiß nicht recht ist. Armut und Stolz passen schlecht zusammen. Doch es ist eben gar zu bitter, in Tagen der Not auf die Güte anderer angewiesen zu sein."

„Das wird mit Gottes Hilfe ja nun besser werden", hatte da Herr Volkhard freundlich getröstet.

Elisabeth war über die Maßen froh, daß sich alles so schön fügte. Sie half beim Einzug wacker mit, sorgte dafür, daß die Leute an diesem ersten Tag das Essen aus der Herrschaftsküche bekamen, und nahm die kleinen Kinder unter ihre Obhut, damit sie der Mutter nicht ewig im Weg herumlaufen sollten.

Frau Heinel war flink und geschickt, und so hatte sie die Wohnung bald instand gesetzt, und es sah sauber und wohnlich darin aus. In dem größeren Schlafzimmer standen vier Betten, da schliefen neun Kinder, immer zwei und zwei, in einem sogar drei. Die Kleinsten nahmen die Eltern zu sich. Deren Betten waren in dem schmalen Nebenraum aufgeschlagen.

„Mein Lebtag haben wir es noch nicht so nobel gehabt", sagte die Frau. „Es ging bei uns immer eng zu, und Schmalhans war auch stets Küchenmeister, besonders in der letzten Zeit. Aber man sieht doch, daß der alte Gott noch lebt und daß er nahe ist, wenn die Not am größten."

Elisabeth gab ihr recht. Sie hatte eben in Onkel Volkhards Auftrag den Leuten eine kleine Summe überbracht, als Abschlagszahlung auf den ersten Monat.

Einige Tage später kam Isolde mit einer Neuigkeit heim, die alle in hohem Grade interessierte.

„Denkt euch, Schwester Maria von der Kinderstation im Magdalenenstift kommt als Oberschwester in das neue Heim für Behinderte."

„Oh, ist das schon fertig?" erkundigte sich die Großtante lebhaft.

„Ja. Morgen findet die Weihe statt. Schwester Maria hat mich eingeladen, ihr bald mit Elisabeth einen Besuch abzustatten."

Elisabeth wurde ein wenig blaß. Alte Wunden taten weh. Schweigend blickte sie auf ihren Teller, und auch Isolde sagte kein Wort weiter. Sie ahnte, was in des Mädchens Seele vorging. Der Gedanke an das Heim mit seinen kleinen Bewohnern mußte ja die Erinnerung an den einstigen Spielgefährten schmerzlich wekken.

„Nun, was meint Elisabeth?" tönte der Großtante gütige Stimme in die Stille.

Da nahm Elisabeth sich fest zusammen, hob mutig das Gesicht und sagte: „Wenn Isolde mich mitnehmen will, werde ich sehr gern ins Heim gehen."

Isolde umfing sie mit einem liebevollen Blick. Sie freute sich dieser Worte, die ihr zeigten, wie weit Elisabeth es bereits in der Selbstbeherrschung gebracht hatte. „Natürlich will ich dich mitnehmen, Kleines. Sobald ein Nachmittag frei ist, wandern wir hinauf."

Aber das wurde nicht sogleich. Isolde war durch mancherlei abgehalten. Sie arbeitete jetzt heimlich an ihrer Dissertation, denn sie wollte Onkel Volkhard und Tante Bettina eines Tages mit dem ‚Doktor' überraschen. Nur Elisabeth wußte davon, und wenn sie einmal über Isoldes Schulter guckte und all die gelehrten Dinge las, die auf dem weißen Papier standen, da wuchs ihre Bewunderung für Isoldes Wissen immer von neuem.

„Wie kann man sich das nur merken? Und wie kann man Gefallen finden an diesen entsetzlichen Fremdwörtern?"

„Oh, die gewinnt man sogar lieb, weil sie eben zu dem geliebten Studium gehören."

So mochte ungefähr ein Monat vergangen sein. Sommerliche Glut lag über den Häusern der Vorstadt, deren Gärten träumten in schwülem Duft. Isolde meinte beim Mittagsmahl, heute hätte sie Zeit für das Heim.

„Wollen wir hin, Lisakind?"

„Mädels, bei der Glut!" warf Herr Volkhard ein. „Ihr wollt euch wohl mit Gewalt einen Hitzschlag holen?"

„Nein, Onkelchen. Ich wenigstens gehe mit der Absicht nicht um, denn ich habe noch mancherlei vor im Leben, abgesehen davon" – Isolde wurde ernst, „daß ich mich fürs Sterben noch keineswegs reif genug fühle."

„Und ich denke wie Isolde."

„So. Na, dann rate ich euch, daß ihr heute hübsch daheim bleibt und nicht hinauf zum Heim kraxelt."

„Wir fahren mit der Elektrischen", beruhigte ihn Isolde. „Das ist zwar ein Umweg, der mir aber der tropischen Hitze wegen doch geraten erscheint, so sehr ich sonst auch gegen Zeitverschwendung bin."

„Nehmt einen Wagen", riet die Großtante. „Das ist das beste."

„Und jedenfalls auch das kostspieligste, geliebtes Tantchen."

„Wirklich?" fragte Herr Volkhard schalkhaft. „Deine Klugheit ist überwältigend, Jungfer Isolde. Wie wäre es aber, wenn ich euch großmütig, eurer guten Führung halber, den Wagen spendierte?"

„Du bist ein Goldonkel. Wir nehmen mit Dank an, d. h. nicht den Wagen, sondern das Geld dafür."

„Haha! Du Krämerseele, du!"

„Nein, das ist Isolde sicher nicht", fühlte sich Elisabeth verpflichtet einzuwenden. „Sie wird das Geld für etwas Besseres verwenden wollen."

„Natürlich. Wir kaufen einen Napfkuchen, so groß, wie er nur zu haben ist, und nehmen ihn den behinderten Kindern mit."

„O ja!" jubelte Elisabeth.

Herr Volkhard wäre der letzte gewesen, der ihnen dieses schöne Vorhaben ausgeredet hätte. Aber zufrieden war er deshalb nicht.

„Kinder, ihr sollt auch das Geld für den Napfkuchen haben, aber nehmt einen Wagen."

Doch darauf gingen die Mädchen nicht ein.

„Die Elektrische ist gut genug. Wenn wir bequem im Wagen hinauf ins Heim fahren, so ist überdies unser Verdienst nicht groß. Also laß uns nur die Freude, Onkelchen. Wir danken dir tausendmal für deine Liebe und Sorge, aber du darfst versichert sein, daß du uns – will es Gott – am Abend, trotz der Glut, heil und ganz wieder hast. Unkraut vergeht nicht so leicht."

„Das ist mein Trost", scherzte er.

„Und nun wollen wir uns sputen, daß wir mit dem Kuchen rechtzeitig zum Kaffee kommen."

Bevor sie gingen, tat auch Tante Bettina noch einen tiefen Griff in ihre Börse, und so traten sie denn schwerbeladen den Weg an. Sie hatten die Zeit prächtig abgepaßt und waren kurz vor vier Uhr oben.

Eine freundliche Wärterin, bei der sie sich nach der Oberschwester erkundigten, führte sie in den großen Garten, der ein Stück Nadelwald war, wo sie bald die Gesuchte fanden und von ihr herzlich begrüßt wurden. Sie sah frisch und blühend aus, und ihre leuchtenden Augen bezeugten, daß auch die Arbeit in dieser neuen Umgebung sie mit jener inneren Zufriedenheit erfüllte, die gleichbedeutend ist mit dem Inbegriff dessen, was man Glück nennt.

Isolde interessierte sich selbstredend vor allen Dingen für die Einrichtung der Anstalt.

„Ich werde Ihnen nichts vorenthalten“, sagte Schwester Maria, „Sie sollen das Haus vom Boden bis zum Keller sehen, wenn Sie Lust haben, aber erst müssen Sie etwas ausruhen.“

Unter einer breitästigen Kastanie wurde von flinken Händen der Kaffeetisch gedeckt.

„Gleich werden wir soweit sein. Sie müssen mir nur erlauben, zuvor meine kleine Garde zusammenzurufen, damit Sie doch die Hauptpersonen dieses Hauses kennenlernen.“

Sie klatschte ein paarmal kräftig in die Hände; da kamen sie von allen Seiten aus dem grünen Buschwerk des Gartens – viele körperbehinderte Kinder sammelten sich um die Oberschwester.

„Vesperbrot! Vesperbrot!“ riefen hungrige Mäulchen frohlockend, und hölzerne Krücken stapften so schnell wie nur möglich durch den Sand.

„Ja – aber wir haben heue Besuch hier. Zeigt einmal, daß meine Kinder artig sind und wissen, was sich schickt.“

„Grüß Gott! Grüß Gott!“ klang es nun den beiden

Mädchen munter entgegen, und kleine Hände streckten sich zum Willkommen aus.

Elisabeth kniete mitten unter der Schar. Sie konnte kaum ihre Tränen zurückhalten.

„Warum weint das schöne Fräulein?“ fragte ein kleiner Naseweis, der nur ein Bein hatte.

Schluchzend drückte sie das Kerlchen an sich.

„Nicht weinen!“ bat eine Kinderstimme und eine zweite und dritte gesellte sich dazu, und scheue Liebkosungen suchten Elisabeth zu beruhigen. „Warum weinst du denn? Es ist ja so schön hier!“

Da trocknete sie die Tränen und lächelte ihnen zu. „Ich will euch erzählen, warum ich weinte. Aber erst sollt ihr sehen, was wir euch mitgebracht haben.“

Fast alle Augen wurden groß und erwartungsvoll.

„Mitgebracht? Oh ...“

„Ja“, rief Isolde fröhlich hinüber, „einen mächtigen – wunderschönen – süßen ...“

„Kuchen!“ vollendeten sie und schrien auf in hellem Entzücken, als Isolde nun das Papier fortzog und die ganze Herrlichkeit sich ihren Blicken unverhüllt und sehr verlockend präsentierte. Ein kleines Mädchen führte den reinsten Indianertanz auf vor Vergnügen.

Isolde schnitt den Kuchen, und Elisabeth durfte ihn verteilen, nachdem sich alle an dem rieselnden Brunnen im Hof gewaschen hatten. Sie bekamen ein Töpfchen Milch und lagerten sich unweit der Kastanie auf dem grünen Rasen. Man sah, wie prächtig es ihnen schmeckte. Kein Krümchen ließen sie umkommen, alle wurden sorgsam aufgesammelt, und manch eines leckte sich sogar verstohlen die Finger, an denen etwas Süßigkeit klebte.

„Wie viele sind es?“ fragte Isolde.

„Siebenundzwanzig“, antwortete Schwester Maria, „und augenblicklich nur Gesunde und Rekonvaleszenten, keine Kranken. Wir könnten noch viel mehr Kinder aufnehmen, täglich laufen Bitten und Anfragen ein, aber der Platz reicht nicht. Es ist alles besetzt.“

„Dann müßte man anbauen“, entschied Elisabeth schnell.

Die Schwester lächelte. „Ja - aber woher das Geld dazu nehmen? Die Anstalt ist weder staatlich noch städtisch, wie Sie wissen, und von dieser Seite ist deshalb Hilfe kaum zu erwarten. Die Zinsen, die aus dem Stiftungskapital in unsere Kasse fließen, werden für die täglichen Bedürfnisse gebraucht. Bis jetzt war die Not auch noch nicht zu groß, und wenn es einmal der Fall ist, dann wird Gott schon helfen.“

„Ja“, gab Isolde zu, „es ist schlimm, daß man erst jetzt anfängt, bei uns etwas für die Behinderten zu tun, oder vielmehr, daß es so viel anderes Elend gibt und man nicht früher dazu kam. Jetzt erst denkt man an diese Menschen. Die Fürsorge für Behinderte ist so recht ein Kind unserer Zeit.“

Elisabeth hörte aufmerksam zu. Das alles interessierte sie brennend. Da kroch ein Mädchen mit verkrümmten Gliedern zu ihr heran.

„Fräulein, erzähle uns nun, warum du geweint hast.“

Sie errötete leicht, nahm das Kind auf ihre jungen, kräftigen Arme und trug es zurück zu den übrigen. Dort saß sie mitten unter ihnen, und die Kleinen hockten sich so dicht wie nur möglich um sie.

„Bscht!“ machte eines. „Sie erzählt uns eine Geschichte.“

Und Elisabeth erzählte ihnen von Hans und wie sie zusammen auf der Waldwiese gespielt hatten, sie erzählte ihnen vom bösen Harras zu Peterswald und von dem Hungerturm und endlich von dem schweren Unfall, der Hans zugestoßen war.

Atemlos lauschten sie. Das war etwas für sie, denn das ging sie ja tausendmal mehr an als andere Kinder, weil der Hans nun doch zu ihnen gehörte, weil er behindert war wie sie.

„Fräulein, er soll zu uns kommen. Hier ist es schön, nicht?"

„Schreib ihm das, ja?"

Sie nickte und zog von rechts und links eines an sich. „Ja, ich will ihm schreiben und will ihn grüßen von euch. Soll ich?"

„Ja! Ja!" Und sie krochen alle heran zu ihr, und jedes wollte liebkost werden und ein besonderes Wort von ihr haben. Und sie wurde nicht müde, ihnen von ihrem Liebesreichtum zu geben, und dachte dabei immer an Hans.

Die Oberschwester sah auf die rührende Gruppe, die Elisabeths lichte Schönheit im Verein mit den Kindern bildete, und in ihrem Herzen erwachte ein Wunsch und ein Gedanke.

„Was wird mit Elisabeth?" fragte sie. „Hat sie sich schon einen Beruf erwählt?"

Isolde verneinte.

„Dann sollte sie zu uns kommen. Wir brauchen Menschen, wie sie einer ist, für unser Liebeswerk."

„Vielleicht tut sie es."

Isolde hatte auch schon daran gedacht, aber sie hütete sich wohl, das auszusprechen, besonders Elisabeth gegenüber. Die sollte sich ganz frei und unbeeinflußt ihre Lebensarbeit wählen dürfen.

„Wollen wir nun das Haus besichtigen?“ Schwester Maria erhob sich.

„Gern.“

Auch Elisabeth schloß sich an, die freilich von den Kindern nur ungern fortgelassen wurde.

„Ich komme ja gleich wieder“, tröstete sie.

Die innere Einrichtung der Anstalt entsprach allen Forderungen der Neuzeit. Isolde war ganz entzückt von der Zweckmäßigkeit und schlichten Schönheit, die ihnen überall entgegentrat, sowohl in den Wohn- und Schlafräumen als auch in den verschiedenen Arbeitszimmern.

Daß es auch Arbeitszimmer hier geben könnte, daran hatte Elisabeth nie gedacht, und sie war erstaunt, als sie die Früchte des Fleißes sah, der sich hier Tag für Tag entwickelte. Die behinderten Kinder lernten allerlei. Sie hatten nicht nur Schulunterricht, sondern es wurden ihnen auch Handfertigkeiten gelehrt, damit sie später auf eigenen Füßen im Leben stehen konnten und nicht anderen zur Last fielen.

Schwester Maria zeigte ihrem Besuch die schönsten künstlichen Blumen, die von den kleinen Händen mit wunderbarer Naturtreue hergestellt wurden, daneben zierliche Papp- und Schnitzarbeiten, Stickereien und vieles andere.

„Arbeiten sie gern?“ fragte Elisabeth.

„O ja, mit wenig Ausnahmen sind alle sehr eifrig, und sie sind stolz auf die verdienten Pfennige. Jedes Kind hat nämlich seine eigene Sparbüchse, in der ein Teil des Arbeitslohnes gesammelt wird. Die größere

Hälfte bleibt der Anstalt, die ja immer mehr Ausgaben als Einnahmen hat. Wenn eines der Kinder von uns ins Leben da draußen zurückkehrt, bekommt es stets eine kleine Ausstattung an Wäsche und Kleidern mit und seine Ersparnisse. Von den Ersparnissen dürfen sie auch bei besonderen Gelegenheiten nehmen, um anderen zu helfen oder Freude zu bereiten."

Elisabeth hörte mit strahlenden Augen zu. In ihrer Seele waren tausend Wünsche und Gedanken erwacht, die lebenskräftig ans Licht strebten. Nur schwer trennte sie sich schließlich von dem Ort, den sie anfangs mit leisem Grauen betreten hatte, und sie mußte den Kindern wieder und wieder versprechen, sie bald von neuem zu besuchen.

„Und du kannst uns auch gern wieder Kuchen mitbringen", hieß es.

„Oder Schokolade."

Lächelnd nickte sie.

Langsam wanderten dann die beiden Mädchen talabwärts. Elisabeth sprach wenig. Sie war nachdenklich geworden.

„Nun, Lisamädel, hat es dir gefallen?" fragte Isolde.

„Ach, Isolde! Gefallen! Ich hätte immer dort sein mögen, nie wieder fortgehen wollen. Und ich weiß nun auch mein Ziel, seit heute weiß ich es."

„Darf man es wissen?"

„Ja. Ich will den behinderten Kindern mein Leben, meine Kraft schenken."

Isolde drückte zärtlich des Mädchens Arm. „Gott segne diesen Entschluß, Elisabeth."

Eine Enttäuschung und wie Elisabeth sich tröstete

Elisabeth hatte nie wieder etwas von Hans gehört. Außer dem Dank damals für das Buch war kein Gruß, kein Lebenszeichen von ihm gekommen. Sie hätte den Anfang machen müssen, das wußte sie wohl, aber sie vermochte es immer noch nicht. Sie fürchtete sich, an den alten Wunden zu rühren, die dann gewiß aufs neue bluten würden.

Aber nach dem Besuch im Heim war sie mutig geworden. Schon am nächsten Tag setzte sie sich hin und begann an Hans zu schreiben, und die Worte flossen ihr so schnell und leicht aus der Feder, daß sie selbst erstaunt war. Der Brief lautete:

„Mein Hansel!

Gestern war ich im Heim, und ich soll Dich grüßen von all den Kindern, die dort sind, denn ich habe ihnen von Dir erzählt und von daheim und von unseren schönen Spielen auf der Waldwiese und vom bösen Harras zu Peterswald. Wie ich da oben war in dem Haus, das auf dem Berg steht und so hell und sonnig ist und einen wunderschönen, großen Garten hat, da hab' ich sehr an Dich gedacht, mein Hansel, und in jedem der Kinder habe ich Dich geliebt. Aber Du mußt nun nicht glauben, daß ich erst gestern an Dich gedacht hätte. O nein, schon immer und alle Tage. Und ich sehne mich sehr nach Dir und möchte Dich gern wiedersehen und würde jetzt gewiß nicht mehr davonlaufen. Lieber Hans, bitte verzeih mir, daß ich so töricht war, und vergiß es. Ich habe mich damals so entsetzt, aber nun ist das ganz überwunden. Isolde hat mir dabei geholfen. Isolde ist Onkel Volkhards Mündel, und Du kannst Dir nicht denken, wie lieb und klug sie ist. Ich bin sehr froh, daß ich sie habe. Dann ist noch Tante Bettina da, die schrecklich gut ist. Sie kann gar nicht schelten, glaube ich, und sie hat es eigentlich auch nicht nötig, denn in ihrer Gegenwart würde nie jemand etwas Schlimmes tun oder sagen. Es wäre sehr fein, wenn Du einmal kommen und sie alle selbst kennenlernen würdest. Wie würden wir uns freuen, besonders ich! Und es würde Dir gewiß auch hier gefallen, obgleich es nicht ganz so schön ist wie daheim, und ich wollte Dir jede Stunde zeigen, wie lieb ich Dich habe und wie sehr ich bereue, damals so dumm gewesen zu sein und so verzagt. Und damit Du siehst, Hansel, daß es mir ernst ist mit der Besserung, will ich Dir noch etwas anvertrauen. Isolde, die eine richtige Ärztin wird und sich nächstens ‚Fräulein Doktor' nennen lassen kann, hat einmal gesagt, jeder Mensch müsse im Leben eine Arbeit und ein Ziel haben. Das gefiel mir, und ich wollte mir das auch suchen. Nun habe ich es gefunden. Ich möchte Schwester im Heim für Behinderte werden. Mein ganzes Leben soll den körperbehinderten Kindern gehören, und an ihnen will ich gutzumachen versuchen, was ich damals an Dir, mein Hansel, versäumt und gesündigt habe.

Schreibe mir bald wieder, ja? Damit ich doch weiß,

ob Du mich noch liebhast und mir nicht böse bist, und ob Du in den Ferien bei uns sein kannst. Ich habe Dir sehr viel zu erzählen. Im Brief geht das nicht so gut. Onkel Volkhard, der eben fragte, an wen diese lange Epistel gerichtet sei, läßt Dich grüßen. Er würde sich freuen, wenn Du kämst. Auch von Tante Bettina und Isolde einen schönen Gruß, sowie von Deiner treuen Elisabeth."

„So", sagte sie befriedigt, als sie das Schreiben noch einmal durchgelesen hatte, faltete es zusammen, schob es in den Umschlag und trug es selbst in den Postkasten. Sie rechnete sich aus, wann frühestens die Antwort da sein könnte und wartete voll Ungeduld auf den Tag, den sie dafür angenommen hatte. Wirklich hielt sie dieselbe zur festgesetzten Zeit auch in Händen, aber es war nicht die Antwort von Hans, sondern ihr eigener Brief, der zurückkam mit dem Vermerk: ‚Adressat verzogen. Aufenthalt nicht zu ermitteln'.

Das war eine schwere Enttäuschung für Elisabeth, die so hoffnungsfroh dem Schreiben des Freundes entgegengesehen hatte. Weinend saß sie über dem Brief und konnte sich nicht beruhigen, obschon Isolde sie liebreich zu trösten versuchte.

Still und niedergeschlagen lief sie in den folgenden Tagen herum. All ihr Frohsinn schien verschwunden, und es dauerte ziemlich lange, ehe sie ihn wiederfand.

Was ihr half, das Fehlschlagen dieser schönen Hoffnung endlich doch zu überwinden, das war der Umgang mit den Heinelschen Kindern. Elisabeth fühlte sich gewissermaßen verpflichtet, sich soviel wie möglich um sie zu kümmern; denn es waren ja ihre Schützlinge, und was sie noch besonders zu ihnen zog, war der Umstand, daß eines der Kinder ebenfalls körperbehindert war, es war klein und verwachsen.

Als Heinels eben erst die Hausmeisterwohnung bezogen hatten, traf Elisabeth das Mädchen einmal auf dem Schulweg. Die alte Tasche mit den Büchern am Arm, den Kopf tief zwischen den Schultern, so schlich es scheu und ängstlich an den Häusern entlang. Herrn Volkhards Nichte holte es ein.

„Guten Tag, Hannchen", sagte sie freundlich. „Ist die Schule aus?"

„Ja, sagte Hannchen", und hob schüchtern das blasse Gesichtchen.

Da bemerkte Elisabeth, daß es feucht war von Tränen.

„Du weinst ja? Hat dir jemand weh getan? Haben sie dich geschlagen?"

„Nein – geschimpft ..."

„Oh! Wer hat das getan?"

„Die anderen. ‚Bucklige Hanne'! haben sie mich gerufen."

Von neuem kullerten ihr die Tränen über die schmalen Wangen, und in den großen dunklen Kinderaugen, der einzigen Schönheit, die Hannchen Heinel aufzuweisen hatte, stand der Ausdruck heißen Schmerzes.

Elisabeth nahm sie bei der Hand und sprach ihr tröstend zu. Aber es wollte gar nicht recht ankommen, was sie vorbrachte; denn die Kleine unterbrach sie seufzend mit den Worten: „Ja, wenn es aber doch wahr ist, was sie sagen! Warum nur gerade ich einen so häßlichen Buckel habe!"

„Er ist gar nicht häßlich, Hannchen."

„O doch. Ich weiß es schon", wehrte sie mit müder Altklugheit ab.

Das schnitt Elisabeth ins Herz, und sie grübelte, wie sie wohl Hannchen von dem Gedanken, der sie so bekümmerte, abbringen könnte. Da fiel ihr das Märchen von dem buckligen Mädchen ein.

„Hör' mal zu!" Und während sie nun zusammen heimwärts wanderten, erzählte sie ihr die Geschichte, wie die Mutter das Mädchen so über alles liebgehabt hatte, trotz des Buckels. Dann starb die Mutter, und das kleine Mädchen blieb allein. Nun begannen es die bösen Menschen zu verspotten, denn es war ja niemand mehr da, der es beschützte. Das sah der liebe Gott, und er schickte einen Engel herab zu dem Kind, der sollte es in den Himmel holen."

„Ach!" staunte Hannchen und sah fast verklärt aus. „Es schadete wohl gar nichts, daß es einen Buckel hatte? Es war dem lieben Gott alles gleich?"

Elisabeth lächelte. „Siehst du, ganz ähnlich, wie du jetzt, so fragte auch das kleine Mädchen. Es sagte zu dem Engel: ‚Dürfen denn Kinder mit einem Buckel in den Himmel?' Da antwortete der Engel: ‚Du hast ja gar keinen Buckel!" Und er berührte den Rücken des Mädchens leise mit dem Finger, und da wuchsen zwei wunderschöne Flügel, die in dem Buckel verborgen gewesen waren, und die trugen das kleine Mädchen geradeaus in den Himmel zum lieben Gott und zur Mutter."

Hannchen strahlte. All ihr Kummer war vergessen. „Fräulein, vielleicht sind in meinem Buckel auch so wunderschöne Flügel?"

„Vielleicht."

„Und einmal werden sie wachsen?"

„Ganz gewiß."

„Oh, dann will ich nicht mehr weinen, wenn sie mich schimpfen!"

„Nein. Warum solltest du? Du weißt es ja besser als sie."

„Ja", sagte sie froh.

Von diesem Tage an war Elisabeth Hannchen Heinels Freundin. Aber sie kümmerte sich auch um die anderen Kinder, denn sie hatte bald gemerkt, daß sie alle viel sich selbst überlassen waren. Martha, die Älteste, war um ein Jahr jünger als Elisabeth und mußte der Mutter schon beim Besorgen der Bügelwäsche zur Hand gehen, was sie außerordentlich flink und geschickt machte, so daß Elisabeth das blasse Mädchen mit den ernsten Augen ehrlich bewunderte. Lotte, die zweite, sollte eigentlich auf die Geschwister achtgeben, aber sie hatte nebenbei auch noch ein gut Teil Flickwerk zu bewältigen, und weil ihr jede getrennte Naht und jeder abgerissene Knopf und jedes Loch im Strumpf ein Greuel waren und die Anzüge der Geschwister täglich derartige Schäden aufwiesen, so blieb ihr wenig Zeit übrig, sich noch in anderer Weise um die Kleinen zu kümmern. Da nahm denn Elisabeth das Völkchen zu sich. Anfangs waren die Kinder in ihrer Gegenwart ein bißchen scheu und befangen, aber sie wurden bald zutraulich und liebten ‚das Fräulein' über alles. Wie die Kletten hingen sie ihr am Rock, denn so verstand es niemand, mit ihnen zu spielen und zu lachen und sie zu trösten, wenn sie traurig waren. Alle ihre Kinderschmerzen trugen sie zu Elisabeth, dagegen hüteten sie sich ängstlich, daß nur ja nichts Schlimmes über sie ihr zu Ohren kommen möchte. Vor ihr wollten sie alle so unschuldsvoll und engelrein wie nur möglich dastehen, und weil Frau Heinel das wußte, erklärte sie, daß sie die kleinste Unart dem Fräulein berichten würde. Da nahmen sie sich zusammen, und nie zuvor waren es so gehorsame, fleißige Kinder gewesen wie jetzt. Hatten sie bei Elisabeth sein dürfen, so floß dann ihr Mund über von deren Lob, und eines suchte das andere darin zu übertreffen.

„Sie ist schauderhaft gut zu uns", beteuerte Fritz und machte in Erinnerung an die Wonnen des Nachmittags, den sie mit ihr im Garten zugebracht hatten, ganz selige Augen.

„Nur Geschichten weiß sie", setzte Karl hinzu, „na, solche weiß überhaupt niemand sonst!"

„Ja – hunderttausend ...", sagte eines von den Kleinen, denen es besonders imponierte, daß Elisabeth nicht bloß immer von den sieben Geißlein erzählte wie die Mutter.

„Ja", stimmte Hannchen bei, „und sie sind alle furchtbar schön."

Aber es blieb nicht bloß beim Spielen und beim Geschichtenerzählen. Das genügte Elisabeth nicht. Sie dachte weiter, dachte an nutzbringende Tätigkeit. Den Kleinsten freilich, denen gönnte sie noch alle Freiheit. Für die hatte sie in einer Ecke des weiten Gartens einen Sandhaufen aufschütten lassen und ihnen Holznäpfchen geschenkt, mit denen sie nun nach Herzenslust ‚dreckerten', wie sie sich weniger schön als treffend ausdrückten. Die Größeren mußten zunächst unter Elisabeths Aufsicht ihre Schularbeiten machen, was ihnen etwas ganz Neues war; denn weder Vater noch Mutter hatten sich je viel darum gekümmert, weil der Kampf ums tägliche Brot ihnen keine Zeit ließ.

„Onkelchen", bat Elisabeth einmal, „erlaubst du, daß ich den Heinel einen halben Tag in Anspruch nehme?"

Herr Volkhard lachte. „Du? Was hast du denn vor?"

„Ich will eine Schule gründen, und er soll mir die Bänke zimmern", gab sie ernsthaft zur Antwort. Er aber sah wohl den Schalk in ihren Augen und stellte sich ungläubig. Nun klärte sie ihn auf.

„Im Gras können die Kinder doch nicht schreiben", fuhr sie fort, „nicht wahr? Und da dachte ich, wenn Heinel uns einen langen Tisch und zwei Bänke in den Boden schlüge, so würde das sehr schön sein."

„Ja – aber bei schlechtem Wetter? Da können die Kinder doch nicht unter freiem Himmel sein!"

„Nein, dann gehen wir in das alte Gartenhaus, was jetzt noch voll Gerümpel steckt. Lotte Heinel und die Buben werden mir helfen, es zu säubern."

„So."

„Ja. Du erlaubst es doch?"

„Was will ich tun, wenn man mich so vor die fertige Tatsache stellt?" scherzte er, hatte aber nichts dagegen und besprach selbst die Sache mit Heinel. Das war ein Jubel, als man zum ersten Mal an dem neuen grünangestrichenen Tisch arbeiten durfte! Es ging so herrlich, und man brauchte die halbe Zeit wie daheim. Als alles geschrieben und gelernt war für den nächsten Tag, wurden die Hefte und Bücher beiseite gelegt, und nun kam Lotte mit dem Flickkorb. Es sollte nicht mehr sein wie früher, wo das Mädchen allein flickte und stopfte und die Geschwister sich irgendwo im Freien herumtrieben. Das duldete Elisabeth nicht. Sie mußten alle helfen, auch die Jungen, obschon die anfangs von der ‚neumodischen Einrichtung', wie sie es nannten, nichts wissen wollten. Doch Elisabeth wußte die Sache so anziehend zu gestalten, daß sie bald recht gern aushielten und fleißig die Hände regten, ja sich schließlich im Eifer förmlich überboten. Fritz und Kurt, die Kleinsten von den Großen, die noch zu ungeschickt waren zur meisten Arbeit, durften gemeinsam Garn aufwickeln oder Strümpfe durchsehen oder Füßlinge zertrennen, je nachdem. Elisabeth fand stets etwas auch für sie zu tun. Der siebenjährige Karl und seine Schwester Hannchen konnten schon sehr nett stricken und so alte Strümpfe prachtvoll ‚neumachen'. Karl freilich brummelte bisweilen und behauptete, Stricken sei keine Arbeit für Jungen. Dann lachte Elisabeth und erzählte vom alten Schäferfranz, der schon als ganz kleiner Bub die Schafe hüten und stricken mußte. „Und er lernte es so schön, daß sogar die Königin sich Strümpfe von ihm arbeiten ließ, worauf er natürlich mächtig stolz war."

„Wenn es nur auch wahr ist", meinte Karl mißtrauisch.

„Du kannst ja die Königin gelegentlich einmal fragen."

Lotte flickte so geschickt, daß es eine Freude war, ihr zuzusehen, und Mark, der elfjährige, hatte prächtig das Stopfen gelernt und schalt oft auf die Geschwister, wenn ihm Strümpfe mit allzu großen Löchern unter die Hände kamen.

„Mit drei Zehen kann man hier heraus!" hieß es gelegentlich. Oder: „Da schauen Sie, Fräulein Elisabeth, ist das nicht ein Loch wie eine Haustür? Das hat der Fritz zerrissen."

Fritz senkte bei derartigen Beschuldigungen immer ganz zerknirscht den blonden Wuschelkopf, seufzte bekümmert vor sich hin und dachte: ‚Warum auch gibt es nicht eiserne Strümpfe!'

Solange Lottes Flickkorb nicht geleert war, erlaubte Elisabeth nicht, daß aufgehört wurde mit der Arbeit. Es blieb dann noch immer genug Zeit zum Spielen, und auch während des Schaffens gab es allerlei Vergnügliches und Unterhaltendes. Da wurde geschwatzt und gesungen und erzählt nach Herzenslust.

Einmal kam die Großtante und ließ sich etwas vorsingen. Darauf waren alle äußerst stolz, denn bis jetzt hatte noch nie jemand begehrt, von ihnen ein Lied zu hören. Und nun war es gar Frau Volkhard, vor der sie gewaltigen Respekt hatten. Sie saßen wie die Kerzen und rührten sich nicht. Aber nach und nach, als die alte Dame so freundlich mit ihnen redete, tauten sie auf, und die Münder gingen wie die Mühlräder. Lächelnd hörte Tante Bettina dem Geplauder zu, ließ sich die Arbeiten zeigen und kargte nicht mit ihrem Lob. So gewann sie sich die Herzen im Sturm, und als sie ging, mußte sie hoch und heilig versprechen, bald wiederzukommen.

„Du hast ihnen heute eine große Freude bereitet", sagte Elisabeth am Abend. „Sie fühlen sich ordentlich geehrt durch deinen Besuch, Tantchen."

Der Onkel nannte Elisabeth immer seine ‚kleine Philanthropin'.

Sie errötete. „Das habe ich doch von euch gelernt, von dir, von Tante Bettina und Isolde."

„Haha, die Kleine will uns schöne Dinge sagen!"

„Gar nicht, es ist doch nur die Wahrheit."

Nach einer Weile kam man von diesen Dingen auf die Fürsorge für Behinderte zu sprechen. Isolde wußte da einiges über das Leben der Behinderten in anderen Ländern, bei anderen Völkern zu berichten.

„Die Fürsorge für Behinderte ist noch nicht alt, aber gewiß eine soziale Notwendigkeit. Eigentlich ist es unbegreiflich, daß sich das Christentum nie zuvor der Behinderten angenommen hat."

Sie gaben ihr recht. Tante Bettina wollte wissen, was die Völker des Altertums mit den Behinderten gemacht hätten.

Auch darüber konnte Isolde natürlich Auskunft geben.

„Meist wurden sie getötet. Die Inder, zum Beispiel, warfen sie einfach in den heiligen Strom, den Ganges, und die Spartaner stießen sie in die Schluchten eines Gebirges."

„Ja, ja", meinte Herr Volkhard, „Sparta wollte nur schöne und gesunde Menschen haben. Es huldigte dem Grundsatz: ‚Lieber tot als schwach und krank.'"

„Nun, das waren Heiden", warf Tante Bettina ein, „aber die Juden, das Volk Gottes, machten doch gewiß eine Ausnahme?"

„O nein, Tantchen", erwiderte Isolde. „Ich muß dich leider enttäuschen. Das Volk Gottes tat nichts für seine Behinderten. Es stieß sie sogar aus der Gemeinschaft aus. Als Bettler lagen sie vor der Tür des Tempels und vor den Toren der Stadt."

„Aber das ist ja himmelschreiend gewesen!"

„Ja, und das Christentum hat sich auch erst in der

neueren Zeit darauf besonnen, daß die Behinderten ebenfalls unsere Liebe brauchen."

Tante Bettina nickte, und Elisabeths Herz war erfüllt von heißem Mitleid. Die anderen merkten es wohl. Onkel Volkhard sagte: „Wenn Elisabeth könnte, würde sie jetzt wahrscheinlich ihr ganzes Vermögen für die Behinderten geben."

„O ja", sprach sie und atmete tief, „ich bin so reich; denn ich bin gesund. Es wäre das wenigste, was ich gäbe, wenn ich diesen Menschen mein Geld schenkte, um ihnen das Leben etwas hell zu machen."

Und als sie dann hinauf in ihr kleines Zimmer kam, stand sie noch lange am Fenster und sah mit gefalteten Händen hinein in die stille Sternennacht. Und sie dachte an Hans. Wie sorglos hatte sie gelebt vor seinem Unfall! Sie hatte nicht gewußt, daß es solche Schatten geben konnte. Um sie war immer Sonne gewesen, bis das große Unglück kam, das eigentlich für sie ein Glück gewesen war; denn es hatte sie das Leben erkennen gelehrt und den Sinn des Lebens. Sie wußte jetzt, daß nichts umsonst geschah, und sie wußte auch, daß sie nie, nie wieder nach dem ‚Warum' fragen würde, wenn ein Leid an sie herantreten sollte. Was aus Gottes Hand kommt, ist immer gut, auch wenn wir kurzsichtigen Menschen es nicht gleich verstehen. Aber glauben sollen wir, daß Gottes Wege alle, alle empor ins Licht und nie hinab ins Dunkel führen. Und diesen Glauben hatte Elisabeth nun gefunden.

Die Sammelbüchse

Bei Tante Bettina war Missionskränzchen. Elisabeth durfte den Kaffee hereinbringen und die alten Damen begrüßen, die dem jungen Mädchen viel Freundliches sagten.

Im Missionskränzchen nähte man weite buntfarbige Röcke, und man war immer sehr eifrig bei der Arbeit. Schon viele Jahre schafften die alten Damen so und liebten diese Zusammenkünfte sehr. Man las dabei abwechselnd Berichte aus dem Missionsleben vor, und wenn man auseinanderging, steckte jede ein Scherflein in die Büchse, die Frau Volkhard nie aufzustellen vergaß. Auch diese Sammelgelder wurden für die Mission verwendet.

Heute ergriff zuerst Tante Bettina das Wort und erzählte von dem Ergebnis der Sammlung im letzten Jahr. Es war ein hübsches Sümmchen, was man zusammengespart hatte.

„Soll das Geld ohne Vorbehalt der Mission übergeben werden, oder möchte es jemand für einen besonderen Zweig der Liebestätigkeit unter den Heiden verwendet wissen?" fragte sie.

‚Wenn ich reden dürfte', dachte Elisabeth, ‚ich wüßte schon etwas!' Aber natürlich sagte sie nichts, denn sie war hier ja nicht stimmberechtigt.

Die alten Damen schwiegen alle, aber Tante Bettina sah an Elisabeths lebhaftem Gesichtsausdruck, daß sie etwas auf dem Herzen hatte.

„Wolltest du etwas sagen, Kind?" wandte sie sich freundlich an die Nichte.

„Ja, Tantchen, wenn ich darf?"

Die anderen ermunterten sie dazu, und auch die Großtante neigte zustimmend das Haupt.

„Könnte man das Geld nicht für die armen blinden Chinesenmädchen geben? Margarete Dasfeld hat mir erzählt, daß es entsetzlich viele Blindgeborene in China geben soll und daß die Mädchen dem größten Elend preisgegeben würden. Die Eltern kümmerten sich gar nicht um die armen Geschöpfe. Margarete will später einmal nach China gehen und eine Schule für blinde Mädchen übernehmen."

Die alten Damen wußten das natürlich alles, denn sie waren ziemlich vertraut mit der Heidenmission aller Länder, aber sie hatten nicht gleich an die blinden Chinesinnen gedacht, und sie freuten sich über Elisabeths Interesse. Deshalb waren sie auch alle bereit, das Geld für den von ihr angeregten Zweck zu spenden.

Der kleine Zwischenfall aber sollte noch andere Früchte tragen, denn Elisabeth war durch die Missionsbüchse auf einen Gedanken gekommen, der den behinderten Kindern Hilfe bringen sollte. Margarete Dasfeld, mit der sie im Institut auf einer Bank saß, wurde zuerst in den über Nacht gereiften Plan eingeweiht. Sie nahm denselben begeistert auf, und in der Frühstückspause lud sie ihre liebsten Schulgenossinnen für den nächsten Mittwochnachmittag zu sich ein.

„Kinder, ihr müßt alle kommen. Es handelt sich um eine wichtige Besprechung."

„Was ist es?" fragten sie neugierig.

Aber Margarete lachte und vertröstete sie auf den festgesetzten Tag.

„Gut. Wir werden kommen."

„Es gibt Schokolade mit Schlagsahne", fügte die junge Sanitätsratstochter noch zur besonderen Lockung hinzu. „Und dann vergeßt eure Börse nicht. Ihr könntet sie brauchen."

„Sollen wir bezahlen, was wir bei dir essen und trinken werden?"

„Vielleicht."

Dr. Maufel, der Geschichtslehrer, wunderte sich, daß seine besten Schülerinnen heute eine hervorragende Unaufmerksamkeit zeigten. Was hatten die Mädchen nur? Selbst Elisabeth Volkhard, auf die man sich sonst immer verlassen konnte, redete das wunderbarste Zeug zusammen, als er sie nach den Charaktereigenschaften Maria Theresias fragte. Mißbilligend schüttelte er sein mit spärlichem weißblondem Haar bedecktes Haupt.

„Ich möchte bitten, etwas mehr achtzugeben", mahnte er mit der sanften Stimme, die ihm eigen war, und bemühte sich, so vorwurfsvoll auszusehen, wie es angebracht schien. Leider aber wollte es ihm nicht recht gelingen. Dr. Maufel hatte eben ein viel zu weiches Herz. Doch seine Schülerinnen liebten ihn und mißtrauten selten der grenzenlosen Güte des kleinen Mannes, und wenn sie ihn unter sich gelegentlich den ‚sanften Heinrich' nannten, so war das nicht böse gemeint. Hätte er gewußt, was die Gemüter der Mädchen so beschäftigte, daß ihnen Maria Theresia gleichgültig blieb, so würde seine Mißbilligung erst recht nicht standgehalten haben. Aber sie weihten ihn nicht in ihr Geheimnis ein, wenigstens heute nicht. Erst sollten alle gewonnen werden, die Margarete eingeladen hatte.

„Dann wenden wir uns an Maufel", entschied sie. „Er muß auch bluten."

„Aber bloß, wenn er es gern tut", setzte Elisabeth hinzu. „Erzwungene Gaben haben keinen Wert."

Der Mittwochnachmittag kam, und auf die Minute pünktlich stellten sich alle ein und nahmen erwartungsvoll an dem höchst verlockend gedeckten Tisch Platz, der im Garten unter dem weiß- und rotgestreiften Zeltdach stand. Lächelnd wurden sie von Margaretes Mutter begrüßt, und auch der Sanitätsrat erschien für kurze Zeit, um sich die ‚Verschworenen', wie er sagte, anzuschauen. Dann kam die Schokolade samt der verheißenen Schlagsahne und herrlicher Kuchen. Die Mutter wünschte ‚Guten Appetit', und beide Eltern zogen sich verständnisvoll zurück. Sie wollten die Redefreiheit nicht stören. Ein fröhliches Schmausen begann, als die Mädchen allein waren.

„Nun rücke aber endlich mit der Sprache heraus, Grete!" sagte die lange Meta Steffens. „Was ist los?"

„Los ist nichts."

„Ach, sei nicht so! Es ist ordentlich aufregend, wenn man nicht weiß, wieso und warum", meinte Lilli von Kellen.

„Ja – ich platze auch schon fast vor Neugierde", gestand Lore Haufen, ihrer Körperbeschaffenheit halber das ‚Dickchen' genannt.

„Liebe Zeit, nur nicht! Das gibt ein Unglück!"

„Nun, so sprich!"

Und Margarete ließ sich erweichen und begann: „Es geht nicht von mir aus, Elisabeth hat den großartigen Gedanken gehabt, aber ich bin begeistert, und ich hoffe, ihr werdet es auch sein. Das will ich gleich betonen, daß es sich um ein Attentat auf euer Taschengeld handelt."

„Mein Schreck!" stöhnte Meta. „Wenn ich das gewußt hätte, wäre ich ferngeblieben!"

„Schäme dich, Lange!" verwies Paula Karcher sie. „Du weißt ja noch gar nicht, wofür."

Aber das war Meta gleichgültig, denn sie galt nicht als sehr freigebig. Sie nahm lieber, obschon sie reich war.

„Weiter, Gretel!"

„Ihr alle habt von dem Heim gehört, das in diesem Jahr eröffnet wurde", fuhr das energische Haustöchterchen fort. „Die Oberschwester hat erzählt, als Elisabeth bei ihr war, daß der Raum noch lange nicht für alle reicht, daß täglich Anfragen und Bitten um Aufnahme einlaufen, die abgewiesen werden müssen. Das Heim ist eine Stiftung, weder Stadt noch Staat geben etwas dazu, das heißt, sie können es nicht, weil sie zuviel andere Ausgaben haben. Aber es muß doch für die Kinder gesorgt werden, und da dachten wir nun, daß es auch unsere Pflicht sei, zu helfen."

„Ach – aber – das bißchen, was wir tun können ..." warf Lilli ein.

„Jeder nach seinen Möglichkeiten, Kinder", sagte Margarete. „Auch aus kleinen Steinen wird schließlich ein großes Haus."

Meta gähnte. „Wie kommen denn gerade wir dazu, für diese häßlichen Geschöpfe unser Geld zu opfern?"

Elisabeth hatte sich bis jetzt stumm verhalten. Nun fuhr sie empor und sah mit blitzenden Augen die Schulkameradin an. „Sind sie nicht auch unsere Schwestern und Brüder, und brauchen sie nicht doppelt unsere Liebe, weil sie behindert sind? Was sollte aus ihnen werden, wenn alle denken wollten wie du?"

„Und wenn du keine Lust hast“, sprach Margarete, „so behalte dein Geld. Wir zwingen keinen, denn erzwungene Gaben haben keinen Wert, darin gebe ich Elisabeth recht.“

„Ich würde mich auch nicht zwingen lassen“, war die trotzige Erwiderung.

„Ach was“, rief das muntere Dickchen, „streitet euch nicht. Wozu hat man denn den schnöden Mammon! Meta wird sich besinnen. Sie kann ihr Geld doch auch nicht mit ins Grab nehmen.“

Margarete stellte eine Büchse auf den Tisch. „Ich habe mir die Sache so vorgestellt, daß wir jede Woche einmal zusammenkommen, wenn sämtliche Väter und Mütter das erlauben. Ich darf und Elisabeth auch.“

„Ich sicher auch. Um so etwas brauche ich nicht erst lange zu bitten.“

„Ich ebenfalls.“

„Mich wird auch niemand hindern.“

„Ich werde Mama fragen, sie erlaubt es gewiß.“

„Die meine wird auch nichts dagegen haben.“

„Um so besser“, fuhr Margarete fort. „Bei den Zusammenkünften, so denke ich, steckt jede so viel in die Büchse, wie sie von ihrem Taschengeld nur erübrigen kann. Zu dem Zweck müssen alle unnötigen Ausgaben wie Schokolade, Kuchen usw. vermieden werden. Wollt ihr das?“

Sie stimmten fast ausnahmslos ohne Zögern bei.

„Machen wir heute gleich den Anfang.“ Margarete steckte ein blankes Markstück in die Büchse. Die anderen folgten unter ernsten und heiteren Bemerkungen ihrem Beispiel, selbst Meta opferte großmütig fünfzig Pfennige.

Jenny Gränzer sagte: „Es ist bei mir gerade in der Woche ein bißchen knapp. Ich habe meinem Bruder ausgeholfen. Aber wenn euch fünfzehn Pfennige nicht zu wenig sind ...“

„Behüte, Jenny. Die geringste Gabe ist willkommen.“

„Also, dann nehmt mein Scherflein. Ich gebe es doch gern.“

„Wir danken im Namen der Kinder.“

„Aber wenn es dir schwer wird, Jenny, wenn du dein Geld für dich selbst nötig hast“, wandte Elisabeth ein, „so ...“

„Nein, nein. Was glaubst du? Je schwerer es einem wird, desto besser ist es. Wenn man keine Gelegenheit hat zum Schätzesammeln, kann man auch nicht hochmütig werden. Wir Armen müssen immer hübsch bescheiden bleiben, denn worauf sollten wir uns etwas einbilden?“

„Auf die inneren Schätze, auf das Gold der Seele“, sagte Elisabeth warm.

„Na, damit ist es auch nicht immer weit her“, seufzte die Kleine. „Das Gutsein macht viel Schwierigkeiten.“

Frau Dasfeld hatte diese letzten Worte gehört, als sie in das Zelt trat, um nach den jungen Mädchen zu schauen.

„Wenn man nur auf dem rechten Weg ist, liebe Jenny“, antwortete sie, „so ist schon viel gewonnen. Und wenn man hilft, anderen die Last zu tragen, die Gott ihnen auferlegte, wie ihr es euch heute ja wohl vorgenommen habt, so ist das schon ein hübscher Schritt vorwärts auf diesem Wege.“

Sie machte ihnen noch den Vorschlag, Weihnachtsarbeiten für die behinderten Kinder zu beginnen, damit die wöchentlichen Zusammenkünfte auch auf diese Weise ausgenützt würden.

„Und wenn ihr wollt", sagte Elisabeth, „dann bitte ich Schwester Maria, daß sie uns allen einen Besuch im Heim erlaubt."

Dieser Vorschlag wurde mit großer Freude aufgenommen. Wenn man für die Kinder schaffte und sammelte, war es ja natürlich, daß man auch reges Interesse für das Haus hatte, in dem sie lebten und zu nützlichen Gliedern der Menschheit erzogen wurden.

Als die Mädchen sich später trennten, taten sie es froh und beglückt und mit tausend guten Vorsätzen und vielen schönen Plänen und Gedanken für die Weihnachtsarbeiten. Frau Dasfeld ermahnte sie noch, alle Bilder, die ihnen unter die Hände kämen, aufzubewahren. Aus ihnen sollten feste Bilderbücher für die Kleinsten geklebt werden, ein Vorschlag, der das Entzücken der Mädchen erregte und den sich Elisabeth auch für ihre Schule merkte.

Die Schule bestand übrigens schon nicht mehr bloß aus den Heinelschen Kindern. Es waren noch einige andere dazugekommen, denen Heinels von Elisabeth und den fröhlichen Arbeits- und Spielstunden bei ihr erzählt hatten. So standen eines Tages, als Isolde eben ins Kolleg gehen wollte, zwei kleine Mädchen am Gartentor und schauten aus sehnsüchtigen Augen herein. Als Isolde aus dem Haus trat, stieß die Ältere die Jüngere an. „Du, das ist sie."

„Nein, die hat ja schwarze Haare. Lotte sagt, Fräulein Elisabeth hat Haare wie die Sonne."

„Was wollt ihr denn?" wurden sie von Isolde gefragt.

Verlegenes Schweigen, dann wieder heimliches Anstoßen und endlich das schüchterne Bekenntnis, daß sie Fräulein Elisabeth suchten.

„Wir gehen nämlich mit Hannchen Heinel in eine Klasse ..."

Isolde verstand sofort den Zusammenhang, nahm die beiden Mädels und führte sie zu Elisabeth.

„Da ist jemand für dich", sagte sie und schob die Kinder über die Schwelle in das lichte Zimmer. Dann schloß sie die Tür und verließ eilig das Haus, um nichts zu versäumen.

Nun standen die Liliputs vor der Lehrerin, von der Lotte und Hannchen Heinel schier Wunderdinge zu berichten wußten, und sie konstatierten innerlich mit Genugtuung, daß sie wirklich ‚Haare wie die Sonne' hatte.

„Sucht ihr wirklich mich?" fragte Elisabeth. „Oder wolltet ihr zu Heinels?"

Sie schüttelten den Kopf, und die kleinen Gesichter sahen puterrot aus. „Wir wollen zu Ihnen."

„Wir gehen mit Hannchen in eine Klasse ..."

„Und wir wollten bloß bitten ..."

„Ja ..."

„Ob wir ..."

„Ob wir ..." echote die Kleine.

„Auch kommen dürfen und stricken."

Sie atmeten beide tief auf, als nun das große Anliegen heraus war.

Elisabeth lächelte. „Natürlich dürft ihr kommen."

Sie wurden noch um ein gut Teil röter vor Freude.

„Dürfen wir gleich dableiben?"

„Ja, wenn eure Mutter es weiß und erlaubt."

Sie senkten die braunen Wuschelköpfchen. „Wir haben keine Mutter."

„Oh!" machte Elisabeth bedauernd. „Wer ist denn nun bei euch?"

„Die Lene."

„Ist das eure Schwester?"

„Ja. Sie ist bereits schon dreizehn und kocht uns immer Milchsuppe und Reisbrei."

„Sie kann das", erklärte die Kleinere mit einem gewissen Stolz.

„Und der Vater?"

„Der ist auf Arbeit – in der Fabrik."

„So. Und wie heißt ihr denn?"

„Anna Küttner", antwortete die Ältere, „und die heißt Gretel Küttner", setzte sie, auf das Schwesterchen deutend, hinzu.

Die beiden Küttners waren aber nicht die einzigen, die Elisabeth aufnahm, es kamen noch andere dazu, und sie hatte nicht das Herz, eines fortzuschicken, sie behielt alle, so daß es mit der Zeit zwanzig geworden waren.

„Wenn das so weitergeht", scherzte Herr Volkhard, „wirst du wohl am Gartenhaus anbauen müssen."

„Vorläufig reicht der Platz noch, Onkelchen."

„Aber wächst dir die Arbeit nicht über den Kopf?"

„Nein. Margarete Dasfeld und Jenny Gränzer konnten jetzt oft helfen. Das ist sehr schön."

Margarete hatte versprochen, die ‚Schule' später zu übernehmen, wenn Elisabeth sie aufgeben mußte, um sich auf ihren Beruf vorzubereiten, denn Elisabeth würde wahrscheinlich früher scheiden als Margarete, weil Dasfelds wünschten, daß sie erst mit vollendetem zwanzigsten Lebensjahr als Schwester eintreten sollte. Sie war das einzige Kind des Sanitätsrates, und es wurde sowohl ihm als auch seiner Frau schwer, sich von ihr zu trennen, auch wenn sie jetzt noch in Deutschland blieb. An die Zeit, in der sie Heimat und Elternhaus verlassen würde, um ihr Leben den armen blinden Chinesenmädchen zu opfern, durften sie kaum denken. Aber wenn es ihnen auch Schmerz bereitete, sie waren fromme Christen und fügten sich dem Willen Gottes.

„Er wird alles lenken, wie es am besten ist für Margarete und für uns", pflegte Frau Dasfeld zu sagen. „Wir wollen es ihm anheimstellen."

Und so sorgte man sich jetzt noch nicht um die Zukunft, sondern genoß die Gegenwart und lernte von jedem Tag, was es zu lernen gab.

Onkel Volkhard und Tante Bettina freuten sich, wie prachtvoll Elisabeth sich in den anderthalb Jahren bei ihnen eingewöhnt hatte, wie nach und nach, so ganz unmerklich, aus dem Kind ein ernstdenkender Mensch wurde. Auch Isolde sah mit heimlicher Freude, wie Elisabeth innerlich wuchs, wie das Leben und der Umgang mit guten Menschen sie reifen ließen. Isolde war noch immer ihre beste Freundin, wenn sie auch herzliche Liebe mit den Schulkameradinnen verband. Besonders zu Margarete Dasfeld fühlte sie sich hingezogen, denn sie hatten viele gleiche Interessen, sie wollten ja beide denen helfen, die vor allem Kreuzträger waren, die Blinden, die Körperbehinderten. Und wenn Elisabeth in der Heimat wirken wollte und es Margarete hinauszog in die Mission, so waren es doch dieselben Wege, auf denen sie wanderten, Liebeswege. Sie folgten Jesus nach, dem großen Liebebringer und Liebespender. Und Isolde betete oft, daß die starke, treue Heilandshand beide führen möchte und vor dem Straucheln bewahren.

Obwohl Isolde jetzt gerade übergenug mit der eigenen Arbeit zu tun hatte, fand sie doch noch immer Zeit für Elisabeth und ihre Angelegenheiten. Sie hatte alle die Mädchen kennengelernt, mit denen die junge Hausgenossin verkehrte, um zu wissen, ob der Umgang auch ein für Elisabeth passender sei. Und sie war ganz befriedigt. Meta Steffens freilich gefiel ihr noch nicht, weil sie ein solcher Geizkragen war, aber Isolde hoffte, daß Meta sich noch ändern würde und zu der Erkenntnis kommen, daß das Leben uns nicht dazu gegeben ist, um Schätze auf Erden zu sammeln, sondern um reich zu werden an inneren Gütern, und daß der mit irdischem Gut gesegnete Mensch des Spruches gedenken soll: ‚Wohlzutun und mitzuteilen vergesset nicht, denn solche Opfer gefallen Gott wohl'.

Sehr gern hatte Isolde auch die kleine Jenny Gränzer, die sich jeden Tag aufs neue so tapfer im Entsagen üben mußte. Frau Gränzer war die Witwe eines Beamten, und die geringe Pension reichte knapp zum Lebensunterhalt. Der Sohn besuchte eine höhere Schule, und Jenny hatte in dem Institut eine halbe Freistelle. Sie wollte später, da sie sehr viel Sprachentalent besaß, die Prüfung als Sprachlehrerin ablegen. Ihr Taschengeld war äußerst gering, und doch hatte sie immer für besondere Zwecke etwas übrig, denn sie selbst brauchte fast nichts. Nie ging sie mit den anderen in eine Konditorei, nie hatte sie irgendwelche Süßigkeiten wie Meta, die ohne Schokolade und Bonbons nicht sein konnte. Und dabei war sie immer zufrieden, immer heiter, immer hilfsbereit. Man hatte sie deshalb gern, auch wenn sie einfacher gekleidet war als alle übrigen und nie die Freundinnen zu sich bat. Jetzt freilich kam man auch ab und zu bei Gränzers zusammen. Elisabeth wollte es anfangs nicht, weil sie fürchtete, daß Frau Gränzer dadurch unnötige Kosten haben würde, aber Jenny bat so herzlich. „Ihr müßt allerdings mit Kaffee und Zwieback zufrieden sein“, setzte sie errötend hinzu.

„Es ist gar nicht nötig, daß wir etwas essen und trinken“, meinte Margarete, „denn wir wollen ja arbeiten, das ist die Hauptsache.“

„Ja, und wir machen deiner Mutter bestimmt nur Unbequemlichkeiten“, wandte Elisabeth ein.

„Nein, durchaus nicht. Mama freut sich natürlich auf euer Kommen. Und wenn es euch nicht zu gering ist ...“

„Schwatze kein Blech, Jenny!“ fuhr das Dickchen auf. „Zwieback ist meine größte Leidenschaft.“

Und so erschienen sie denn fröhlich bei Gränzers und amüsierten sich herrlich. Frau Gränzer las ihnen während der Arbeit vor, kleine Geschichten aus dem Leben der Kinder, da verging ihnen die Zeit schnell. Und die Zwiebäcke waren so schön knusprig und braun, wie sie behaupteten, noch nie gegessen zu haben. Sie ließen keinen einzigen übrig. Jenny war glücklich, und auch auf dem blassen Gesicht der Mutter lag ein helles Lächeln. Beim Abschied, als Elisabeth die schmale Frauenhand küßte, sagte sie: „Ich hoffe, Sie kommen recht bald wieder. Wir würden uns freuen.“

„Gern“, versicherte Elisabeth, „es war ein herrlicher

Tag!" Und sie meinte es so, wie sie es sagte, und die anderen Mädchen stimmten ihr zu.

Elisabeth erzählte viel daheim von Gränzers. „Es war tausendmal schöner als bei Meta Steffens, wo es Torte gab."

Tante Bettina schüttelte den Kopf. „Torte? Kinder, ihr solltet jedesmal bei euren Zusammenkünften nur Zwieback essen, denn erstens erspart ihr damit der guten Jenny ein drückendes Gefühl, und zweitens würde das Geld eure Kasse sehr füllen. Jede Mutter wird gern den Betrag, den sie für Kuchen an diesem Tag ausgibt, in die Büchse stecken."

„O ja, Tantchen, das ist ein kluger Gedanke. Ich werde ihn gleich morgen allen unterbreiten."

Und sie gingen sämtlich auf den Vorschlag ein, obschon Meta Steffens ein etwas saures Gesicht zog. Aber es half ihr nichts.

Ein festlicher Tag

Die ‚Schule' befand sich in größter Aufregung. Schon seit einer Woche wurden geheimnisvolle Vorbereitungen getroffen und jeder Besuch, besonders der Tante Bettinas, ängstlich ferngehalten.

„Kinder, Kinder", sagte Herr Volkhard, „man könnte fast bang werden. Mir scheint, wir sind jetzt mitten in einer Verschwörung. Man sitzt wie auf dem Pulverfaß. Wann explodiert denn die Geschichte?"

„Das wird nicht verraten, Onkelchen. Nur hübsch geduldig sein!"

„Liebe Zeit", seufzte er. „Die Sache ist mir unheimlich. Man weiß sich im eigenen Haus nicht mehr sicher."

Sie lachte. „Es wird dir nichts geschehen. Wir haben es auf eine andere Person abgesehen."

„So? Na, das beruhigt mich außerordentlich."

Nach zwei Tagen stellte es sich heraus, auf wen man es abgesehen hatte. Es war Tante Bettinas Geburtstag. Sie verließ immer zeitig das Bett, denn sie war schon seit ihrer Jugendzeit Frühaufsteherin und gönnte sich jetzt im Alter nicht eine Viertelstunde länger Schlaf. Fertig angekleidet saß sie am offenen Fenster, durch das die reine, belebende Morgenluft in breiten Wellen hereinströmte, und las voll tiefer Andacht im Psalter. Sie hatte sich für heute den 104. Psalm gewählt, aber sie kam nicht weit damit. „Licht ist dein Kleid" – flüsterten eben ihre Lippen, als sich draußen vor der Tür ein seltsames Geräusch vernehmen ließ, ein Scharren und Trippeln wie von Kinderfüßen, ein Wispern und

Raunen wurde hörbar, und dann verstummte es, und jauchzend erschallte, von jungen Stimmen gesungen, das ewigschöne Jubellied: ‚Lobet den Herren, den mächtigen König der Ehren!'

Die Großtante ließ überrascht die Bibel in den Schoß sinken und lauschte. Nach einigen Minuten stand sie leise auf, schritt durch das sonnenhelle Zimmer und öffnete die Tür. Da stand die kleine Schar, mittendrin Elisabeth, und alle sangen mit erwartungsfrohen Gesichtern und ließen sich gar nicht stören durch Tante Bettinas Erscheinen. Elisabeth sagte später zu Isolde, es sei ein herrlicher Anblick gewesen, wie Tante Bettina so auf die Schwelle getreten sei, und wie die Morgensonne ihre hohe Gestalt umspielt und das Silberhaar geküßt habe.

Als das Lied zu Ende war, schob sich ein strammes Bürschchen aus der Menge der blonden und braunen Kinderköpfe, pflanzte sich unerschrocken vor der alten Dame auf und sprach mit heller Frühlingsstimme:

„Draußen ist Sonne, die Blumen blühn,
Wiesen und Wälder lachen im Grün,
blau ist der Himmel, die Lerche singt,
jubelnd und jauchzend ihr Liedlein erklingt.
Auch wir singen fröhlich am Tage zur Ehr',
wir beten, daß Gott viel Freud' dir bescher',
wir grüßen dich alle und wünschen dir Glück,
o, weis' nicht Elisabeths Kinder zurück!
Sie bringen dir Liebe, sie bringen dir Dank,
sie bringen dir duftender Blumen Gerank,
und ist auch die Gabe bescheiden und klein,
dafür wird die Lieb' um so größer doch sein!"

Ohne Stocken hatte der Bub seine Reime aufgesagt und reichte nun ernsthaft, als handle es sich um eine Staatsaktion, der Großtante den Strauß, den er bis jetzt mit beiden Händen vor sich gehalten hatte. Sie nahm ihn freundlich in Empfang, küßte das Bürschchen und lud die Kinder alle für den Nachmittag ein.

„Mamsell Auguste wird einen großen Topf Schokolade für euch kochen ..."

„Kriegen wir auch Kuchen?" fragte eines, das sich über die zu erwartenden Genüsse wahrscheinlich genau orientieren wollte.

„Auch Kuchen", bestätigte sie.

„Oh!" entfuhr es Fritz Heinel, und er leckte sich mit beweglicher Zunge die Lippen.

Dann schickte Elisabeth sie fort. „Seid hübsch pünktlich heute nachmittag und kommt mit sauberen Händen", mahnte sie noch, was sie auch beherzigten, besonders in bezug auf die Pünktlichkeit, denn Schokolade und Kuchen waren starke Lockmittel. Aber auch sonst hatten sie getan, was sie konnten, erschienen gewaschen und gekämmt und mit frischen Schürzen, Heinels sogar in den Sonntagskleidern, wie Hannchen bei der Begrüßung stolz verkündete. Elisabeth war nach Tisch selbst noch einmal zu Hausmeisters gelaufen, um Martha mit einzuladen.

„Nicht wahr, Frau Heinel, Sie erlauben es?"

„Ja, sie mag nur gehen. Ich werde mit dem bißchen Wäsche schon allein fertig."

So kam denn auch Martha, blaß und still wie gewöhnlich, aber mit hellen Freudenlichtchen in den sonst so ernsten Augen.

Eine lange Tafel war im Garten mit weißen Tüchern

bedeckt worden, und Berge von Kuchen hatte die Mamsell auf die Schüsseln getürmt. Tante Bettina selbst war in die Küche, die im Souterrain lag, hinabgestiegen, um von der Schokolade zu kosten, bevor Elisabeth und Margarete Dasfeld sie hinauftrugen, wo die kleinen Leckermäulchen bereits sehnsüchtig warteten. Mit Jubelgeschrei wurden die dickbauchigen Kannen begrüßt, aus denen die beiden Mädchen die buntbemalten Töpfchen füllten, denn Tassen hatte Mamsell Auguste aus Angst vor Scherben nicht herausgegeben.

Isolde war noch nicht daheim, aber gerade als das Festgelage im schönsten Gange war, kam sie. Elisabeth sah sie durch den Garten gehen und wunderte sich, daß sie mit dem guten weißen Kleid, das erst ganz neu war, im Kolleg gesessen hatte. Sie lief ihr entgegen. Isolde fing sie in ihren Armen auf und drehte sie lachend im Kreise herum. Ihre Wangen hatten einen feinen roten Hauch, und die Augen leuchteten. Der Widerschein inneren Glücks lag auf ihren Zügen.

„Isolde, was ist denn heute mit dir?“ fragte Elisabeth und schaute ihr verwundert ins Gesicht.

„Nichts. Was soll sein? Geh nur zu den Kindern, Lisamädel. Ich komme gleich. Möchte bloß noch meine Hefte ins Haus tragen. Sind Tante und Onkel auch mit im Garten?“

„Ja. Auch Margarete. Spute dich ein bißchen, Isolde.“

Diese nickte und trat schnell ins Haus. Sinnend kehrte Elisabeth zu den anderen zurück.

Nach kaum fünf Minuten erschien Isolde.

„Willst du auch Schokolade?“

„Ja – auch Kuchen – ich habe die Absicht, mich ebenfalls etwas feiern zu lassen."

„Holla!" rief Herr Volkhard. „Du hast ja nicht Geburtstag."

„Nein. Aber Geburtstage sind, glaube ich, nicht der einzige Anlaß für Feste und zum Gratulieren. Wenigstens habe ich letzteres heute auch so verdient."

Elisabeth verstand sie plötzlich. „Isolde – ich weiß ..." frohlockte sie.

„Ja, aber da die anderen sich absolut nicht scheinen denken zu können, was los ist, muß ich ihnen schon die Wahrheit in dürren Worten sagen ..." sie sprühte förmlich vor Vergnügen – „also hört und staunt!"

„Da bin ich wirklich neugierig!" meinte Herr Volkhard gemütlich.

„So rede endlich, Isolde", drängte die Großtante. „Oder ist es nur ein Scherz von dir?"

„Nein. Heißer Ernst, Tantchen. Ich habe nämlich die Ehre, mich euch als Fräulein Dr. med. vorzustellen!"

„Was?" Herr Volkhard fuhr empor. „Isolde, ist das wahr?"

„Ja, Onkel. Schwarz auf weiß kann ich es dir zeigen."

„Kind!" Tante Bettina nahm sie in die Arme. „Das ist ein schönes Geburtstagsgeschenk für mich. Gottes Segen auf dich und deinen Beruf!"

Isolde küßte ihr dankend die Hand.

„Na, Mädel, laß dir auch von mir Glück wünschen. Ich bin stolz auf dich!" sagte Herr Volkhard, der kaum seine Rührung verbergen konnte.

„Stolz? Das ist nicht nötig", antwortete das neugebackene Fräulein Doktor. „Ich tat ja nur meine Pflicht, wie du es mich gelehrt hast, Onkel."

Elisabeth drückte sie an sie. Sie hatte die Augen voll Tränen.

„Was? Du weinst, Lisamädel? Heute?"

„Ich freue mich so, Isolde!"

„Mein Kleines, Geliebtes!" Isolde zog sie leise an die Brust und drückte ihre Lippen auf das goldene Haar.

Nachdem nun auch Margarete Dasfeld sie noch beglückwünscht hatte, bat sie sich endlich eine Stärkung aus, mit der Versicherung, von all den Gratulationen schon ganz elend zu sein. „Die Professoren haben mir bald das Handgelenk herausgerissen", setzte sie froh hinzu.

Die Kinder hatten inzwischen den aufgetragenen Herrlichkeiten alle Ehre angetan. Im Handumdrehen waren die Kuchenberge zusammengeschmolzen und die Riesenkannen geleert. Dreimal mußten sie frisch gefüllt werden, ehe man nur den schwachen Schimmer einer Sättigung wahrnehmen konnte. Herr Volkhard amüsierte sich sehr über die Leistungsfähigkeit der kleinen Gesellschaft auf diesem Gebiet, aber ihm wurde nach und nach auch etwas bang.

„Isolde, hast du ein Pulver zur Hand?" fragte er besorgt. „Sie werden sich alle den Magen verderben."

„Keine Spur, Onkel! Du sollst sehen, wie sie das Topfschlagen und Wettlaufen mitmachen werden! Die können etwas vertragen."

Und es zeigte sich bald, daß sie recht hatte. Solcher Jubel war in dem Volkhardschen Garten wohl noch nie gehört worden wie heute. Tante Bettina, die sich einigermaßen ermüdet fühlte, hatte sich schon vor einer Stunde zurückziehen wollen, war aber immer wieder geblieben, weil ihr das frohe Treiben zu viel Spaß machte. Schließlich sprach Isolde ein Machtwort.

„Tantchen, ich werde dich nun hinaufführen, damit du zum Abend wieder frisch bist, denn ich hoffe, Onkel stiftet dem doppelten Fest zu Ehren heute eine Bowle."

Er zwinkerte lustig mit den Augen. „Nun, wenn man mich recht schön bittet, warum nicht?"

„Hat das Bitten einige Minuten Zeit? Ich werde es dann gründlich besorgen."

„Schön."

Als sie die Großtante dann in dem weichen Polsterstuhl untergebracht hatte, der am Fenster des Stübchens stand, wollte sie sich mit einigen freundlichen Worten wieder entfernen. Doch die Greisinnenhände hielten sie zärtlich fest.

„Einen Augenblick, Isolde. Ich muß dir noch einmal sagen, wie ich mich freue, daß du deinem Ziel nun wieder ein Stück näher gekommen bist. Hoffentlich kannst du recht vielen Menschen ein Segen sein in deinem schönen Beruf. Gott sei mit dir!" Sie küßte Isolde auf die Stirn.

„Du gutes, einziges Tantchen."

Das war aber nicht alles, was Frau Bettina auf dem Herzen hatte.

„Elisabeth macht mir rechte Sorge."

„Elisabeth?" fragte Isolde staunend. „Wieso denn? Sie ist ja frisch und gesund."

„Ja – so meine ich es nicht. Sie hat sich heute oder gestern ernstlich mit Meta Steffens entzweit. Ich erfuhr es nicht direkt von ihr, sondern durch ein Gespräch, das ich gegen meinen Willen belauschte. Elisabeth sprach mit Margarete davon. Mich hat das so traurig berührt. Wenn es möglich ist, Isolde, dann bringe die Sache noch heute in Ordnung."

Isolde sah vor sich hin. „Es mag nicht leicht sein, mit Meta Steffens immer Frieden zu halten. Sie ist geizig, und dann spottet sie so viel über Dinge, die anderen Menschen heilig sind."

„Ob ihr da nicht zu scharf ins Gericht geht? Sie ist jung und übermütig, aber gewiß im Innern gut. Es hat ihr die richtige Leitung gefehlt, das dürft ihr nicht vergessen, Kinder."

„Ja – aber ..."

Tante Bettina schüttelte den Kopf. „Kein ‚aber', Isolde. Könnte es denn nicht sein, daß auch Meta heimlich sucht nach einem Ziel, nach Gott? Sie wird nur immer wieder weggerissen vom rechten Weg. Meinst du nicht, daß es besser wäre zu helfen als zu verdammen? Elisabeth und Margarete eifern mir zu viel, das tut die wahre Liebe nicht. Die trägt auch den Irrenden mit Geduld."

„Du hast recht, Tantchen. Wir wollen uns bessern."

Tante Bettina nickte freundlich. „Nun geh. Man wird dich schon vermissen."

Nachdenklich kehrte Isolde in den Garten zurück. Sie nahm sich vor, mit Elisabeth bei erster Gelegenheit zu reden, und vor allen Dingen wollte sie selbst auch besser auf sich achten und duldsamer gegen Meta sein.

Dazu hatte sie bald Gelegenheit, denn als sie den Garten betrat, kam ihr Margarete entgegen und sagte ihr, daß Meta drüben am Zaun stehe und mit Elisabeth zu reden gewünscht hätte.

„Wir sind beide böse auf sie, denn sie spottet immer über die Schule und über unsere Sammelbüchse und hat heute morgen so albernes Zeug geschwätzt, daß wir ihr verboten haben, noch zu den Zusammenkünften zu kommen."

Isolde ging mit ihr Arm in Arm zwischen den Rosen hin und her.

„Habt ihr da nicht ein bißchen übereilt gehandelt?"

„Ach, die Geduld riß uns eben einmal."

„Die darf aber nicht reißen."

Margarete blickte zur Seite. Ganz wohl war ihr ja nicht, und sie und Elisabeth hatten längst Gewissensbisse, aber sie mochte doch auch nicht zugeben, daß das Unrecht ebenso auf ihrer wie auf Metas Seite war.

„Weshalb reizt sie uns immer? Dann braust man schließlich einmal auf. Und sie macht sich doch auch gar nichts daraus."

„Wer weiß? Ich glaube nicht, daß sie sonst hier wäre." Und sie erzählte ihr Tante Bettinas Worte.

Inzwischen stand Elisabeth vor Meta an dem niedrigen Zaun, der rückwärts den Garten abschloß.

„Es ließ mir keine Ruhe mehr", sprach Meta, „ich mußte kommen, obwohl ich wußte, daß du heute gar keine Zeit für mich haben würdest."

Elisabeth schwieg. Noch saß ihr der Groll schwer in der Seele.

„Bitte, verzeiht mir meine dummen Worte", fuhr die andere fort, „es war unüberlegt, was ich sagte. Ich ärgere mich oft so über mich selbst, glaub es nur, Elisabeth, und doch rede ich immer wieder das abscheuliche Zeug. Wie gern möchte ich so gut sein wie du!"

Elisabeth erschrak. Sie wußte genau, daß sie noch

viele, viele Fehler hatte, und es kam ihr eben jetzt zum Bewußtsein, welch eine große Sünde sie begangen hatte, als sie am Morgen sich kalt und stolz von Meta abwandte. War das nicht Pharisäertum gewesen? Sie meinte plötzlich, den ernsten Blick der Heilandsaugen zu fühlen, der trauernd auf ihr ruhte. Sie wußte, nicht Meta war die Sünderin, sondern sie selbst. Und da streckte sie ihr beide Hände entgegen.

„Verzeih mir, Meta, ich habe schlecht gehandelt."

Die riß ihre Augen groß und weit auf. „Elisabeth ..."

„Ja – und nun wollen wir alles begraben, nicht wahr? Ich werde mich bemühen, nie wieder heftig zu sein."

„Und ich werde nicht mehr spotten und gern für die behinderten Kinder arbeiten und ..." sie stockte errötend – „damit du siehst, daß es mir mit der Besserung ernst ist, habe ich dir mein ganzes Taschengeld von dieser Woche für die Sammelbüchse mitgebracht."

Sie reichte Elisabeth ein blankes Silberstück.

„Nein, Meta, das kann ich ja nicht nehmen ..."

„Doch, doch", drängte sie. „Ich will es, und es tut mir kein bißchen leid, wenn ich es gebe."

Da beugte sich Elisabeth über den Zaun und küßte sie.

„Warum macht ihr denn eure Zärtlichkeiten so in aller Heimlichkeit ab!" rief da Margaretes Stimme. „Laß doch Meta hereinkommen!"

„Ja, willst du?"

„Wenn ich darf?" Und die lange Meta schwang sich nicht sehr graziös, aber ziemlich gewandt über den Zaun.

Margarete reichte ihr die Hand. „Guten Tag! Wir wollen die Streitaxt auch begraben, nicht wahr?"

Meta nickte. „Wie gut ihr beide seid!"

Aber davon wollten sie nichts hören. „Rede kein Blech. Komm lieber mit, die Kinder warten schon ungeduldig."

Sie nahmen Meta in die Mitte und gingen zu dem großen Rasenfleck, auf dem Topfschlagen gespielt werden sollte. Jubelnd wurden sie begrüßt. Auch Isolde nickte ihnen herzlich zu. Sie war froh, daß alles wieder so schön in Ordnung zu sein schien, und behandelte Meta viel freundlicher als sonst. Die war glücklich und spielte so harmlos und fröhlich mit den Kindern, wie man nicht geglaubt hätte, daß sie es können würde. Herr Volkhard forderte sie später auf, mit ihnen Abendbrot zu essen. Er benachrichtigte selbst telefonisch die Eltern und erbat sich die Erlaubnis, Meta noch hierbehalten zu dürfen.

Tante Bettina unterhielt sich mit dem jungen Mädchen, und Meta war ganz begeistert von der alten Dame.

„Wenn man immer mit ihr zusammensein könnte", meinte sie, „dann müßte man ein Engel werden."

„Ei, dann kommen Sie nur recht oft", neckte Onkel Volkhard. „Es müßte hübsch sein, wenn Ihnen plötzlich Flügel wachsen würden."

Sie sah ihm ernst in die Augen. „Die Flügel sollen wachsen", sprach sie mit fester Stimme.

„Bravo!" antwortete er.

Dann wurden die Kinder heimgeschickt. Das kostete Mühe, denn sie wären am liebsten die ganze Nacht noch dageblieben und versicherten immer wieder, daß es ‚furchtbar fein' gewesen sei. Sie bedauerten sehr, daß Tante Bettina nur einen einzigen Geburtstag im Jahr hatte.

Unterdessen war im Gartensalon der Tisch gedeckt worden, den die drei Mädchen zuletzt noch zierlich mit Blumen schmückten. Isolde durfte nicht dabei helfen, denn sie sollte an ihrem Ehrentag doch auch gefeiert werden.

Nach der Suppe brachte Herr Volkhard einen sehr hübschen Trinkspruch aus, der zuerst Tante Bettina und dann Isolde galt und in dem Wunsch gipfelte: „Gott erhalte uns beide und lasse sie noch lange ein Segen sein für viele."

Hell klangen die Gläser aneinander. Bald war die Stimmung eine heitere geworden, Scherzworte flogen herüber und hinüber, und helles Lachen tönte hinaus in die Sommernacht. Die Stillste von allen war Meta. Sie saß mit großen, seligen Augen auf ihrem Platz zwischen Isolde und Elisabeth und hatte nur den einen Wunsch, daß dieser himmlisch-schöne Tag nicht zu Ende gehen möchte.

Nach dem Essen begab man sich ins Musikzimmer.

„Die Mädels sollen singen", gebot Herr Volkhard, und Tante Bettina bestellte sich ihr Lieblingslied.

„Am Brunnen vor dem Tore,
da steht ein Lindenbaum ..."

so sangen die frischen Mädchenstimmen, und Frau Volkhard lag mit geschlossenen Augen im Sessel und lauschte und gedachte der fernen Jugendzeit, wo sie auch das Lied gesungen hatte.

Der Onkel bat um ein Lied, das Elisabeth früher einmal hatte hören lassen. „Wenn ich nur wüßte, wie es hieß. Es war etwas von Blumen und Vögeln und Juchheissassa oder so."

Isolde spielte eine Melodie. „War es das?"

„Ja, ja, ich glaube wohl ..."

„Das ist aber nur ein Kinderlied", warf Elisabeth ein.

„Und nur Elisabeth kann es singen", setzte Isolde hinzu. „Fang an, Liebling."

„Juchhei! Blümelein!
Dufte und blühe!"

Tante Bettina lauschte immer voll Entzücken der jungen Stimme, die an das Trillern der Lerche erinnerte. Das Lied kannte sie noch nicht.

„Es ist allerliebst. Woher hast du es denn?"

„Das kann bei uns daheim jedes Kind. Hans und ich, wir sangen es oft."

„Juchhei! Menschenherz!
Singe und klinge!"

summte Herr Volkhard vor sich hin. „Das ist eine gute Mahnung. Die wollen wir nicht vergessen."

Das dachte auch Meta.

Da sprang Margarete auf. „Jetzt will ich singen! Ich begleite mich selbst. Bitte, Fräulein Isolde."

Sie nahm Isoldes Platz am Flügel ein. Mit einer kleinen, aber anmutigen Stimme sang sie munter drauflos:

„Suse, liebe Suse, was raschelt im Stroh?
Das sind die lieben Gänschen,
die haben keine Schuh!
Schuster hat's Leder, keine Leisten dazu,
drum gehn die lieben Gänschen
und haben keine Schuh!"

Lächelnd hörten die anderen zu. „Mit dem Lied", sagte Tante Bettina, „sang man schon in meiner Jugend die Kinder in den Schlaf."

„Ja, ich hab' es auch von Großmama gelernt", erzählte Margarete. „Unendlich oft habe ich es von ihr gehört, als ich noch klein war."

Und da fielen nach und nach auch den übrigen die Lieder ein, die sie gelernt hatten, als sie ‚noch klein' waren, und jeder wollte etwas vortragen. Selbst Herr Volkhard wurde von der allgemeinen Fröhlichkeit angesteckt und kramte Kindheitserinnerungen aus.

Der Diener des Sanitätsrates wartete bereits auf Margarete, die sich Meta anschloß.

Als diese beim Abschied Tante Bettina die Hand küßte, sagte die alte Dame: „Ich hoffe, es hat Ihnen heute ein bißchen bei uns gefallen und Sie kommen recht oft wieder."

In Metas Augen leuchtete es auf. „Wenn ich darf, sehr gern."

Schweigend wanderte sie an Margaretes Seite heimwärts. Ihr war, als hätte sie einen warmen Mantel bekommen, und erst jetzt fühlte sie deutlich, daß ihrem Leben das Schönste, das Höchste gefehlt hatte: die Liebe. Und die war ihr heute begegnet.

An diesem Abend betete Meta nicht bloß mit den Lippen, wie gewöhnlich, sondern mit dem Herzen.

Zukunftspläne. Typhus.

Der Sommer war vergangen, der Winter ins Land gekommen, und nun wurde es wieder Frühling. Das war der dritte Frühling, den Elisabeth bei Onkel Volkhard erlebte, und er brachte eine kleine Veränderung für sie. Von Ostern ab sollte sie, wie auch Margarete, Meta und die anderen, die mit ihr gleichaltrig waren, nicht mehr das Institut besuchen, sondern nur einzelne Privatstunden nehmen, die ihren Neigungen besonders entsprachen.

Nun widmete sie sich mit doppeltem Eifer ihrer Schule, und die Freundinnen halfen ihr dabei treulich. Und wie sie sich bemühten, die Kinder zum Guten zu erziehen, so arbeiteten sie auch voll Ernst an sich selbst, um nicht nur durch Worte zu lehren, sondern durch die lebendige Tat. Es war nicht zu leugnen, daß dabei manch ein gutes Samenkorn in die jungen Seelen fiel und aufging und, von liebevollen Händen gepflegt, zum kräftigen Bäumlein wurde, das Schatten spendete und Früchte trug. Sie lehrten die Kinder die Liebe zur Arbeit und weckten die Fröhlichkeit in ihren Herzen. Trübe Mienen und saure Gesichter gab es nicht in Elisabeths Schule, denn es waren ja alles Christenkinder, und Christenkinder haben das schöne Vorrecht, heiter und froh zu sein auch in den dunkelsten Lebenstagen, weil sie einen Vater haben droben im Himmel, der sie behütet und für sie sorgt.

Oft klang das helle Lachen der kleinen Gesellschaft jubelnd durch den Garten, und sowohl Herr Volkhard als auch Tante Bettina kamen bisweilen, um sich an den klaren Augen und den jauchzenden Stimmen zu erfreuen.

Elisabeth umfing alle Kinder mit der gleichen Liebe, eines stand ihrem Herzen so nahe wie das andere, und sie hütete sich ängstlich, irgendeines zu bevorzugen. Aber einen Liebling hatte sie doch, wenn sie sich das auch nicht weiter anmerken ließ. Das war Hannchen Heinel. Und es war begreiflich, denn die kleine Bucklige, die so häufig die Zielscheibe des Spottes war, brauchte doppelte Liebe und hing voll heißer Dankbarkeit an Elisabeth Volkhard. In der ‚Schule' wagte niemand ein Wort gegen Hannchen zu sagen, niemand durfte sie hänseln oder verspotten, denn Elisabeth hatte erklärt: „Wer Hannchen nicht in Ruhe läßt, wer nicht gut zu ihr ist, der bekommt es mit mir zu tun, den will ich nicht mehr sehen." Da hatte manchen Schuldbewußten das Herz geklopft, und scheue Blicke waren hinüber zu der verwachsenen Gefährtin geflogen, ob sie etwa ‚klatschen' würde, aber sie saß still auf ihrem Platz wie immer, nur mutiger sah sie aus. Das machte, weil sie sich sicher fühlte unter Elisabeths Schutz. Die anderen aber hüteten sich von dem Tag an sehr, sie zu necken. Es wäre ja zu bitter gewesen, wenn man deshalb nicht mehr hierher hätte kommen dürfen.

Margarete Dasfeld erschien an jedem Nachmittag. Auch ihr war die Arbeit in der Schule lieb geworden. In den übrigen Stunden, die ihr zur Verfügung standen, lernte sie eifrig Blindenschrift und studierte alle Lehrmittel und Beschäftigungen für Blinde. Dazwischen korrespondierte sie fleißig mit einem Verwandten, der als Missionar in China tätig war und der ihr viel Trauriges erzählte von den blinden Chinesenmädchen, für die so wenig gesorgt wird, die verlassen und verwahrlost aufwachsen, allem Bösen preisgegeben. O, wie sie sich sehnte, ihnen helfen zu können! Wie es sie fortzog aus der Heimat und hin zu ihnen!

„Ich weiß", sagte sie einmal zu Elisabeth, „daß es auch in der Heimat Arbeit für mich geben würde. Aber mir ist, als riefe mich der Herr gerade nach China. Ich kann nicht anders, und ich werde nicht eher Ruhe finden, als bis ich dort bin und die blinden Mädchen an mein Herz nehmen darf."

Meta verbrachte die meiste Zeit in der Schule. Anfangs war sie noch manchmal rückfällig geworden, da hatte der alte Geiz- und Hochmutsteufel ihr manchen schlimmen Streich gespielt, aber nach und nach merkte man doch, wie ihre Seelenflügel zu wachsen begannen, weil sie ernstlich vorwärts strebte.

Eine große Freude war es gewesen, als man in der Weihnachtszeit Schwester Maria den Inhalt der Sammelbüchse übergeben konnte und all die hübschen, praktischen Sachen, die man bei den Zusammenkünften angefertigt hatte. Äußerst beglückt nahm die Schwester die Spenden entgegen.

„Das Geld soll den Grundstock bilden zu unserem Baufond", sagte sie. „Es tut so not, daß mehr Raum geschaffen wird, und ich bin fest überzeugt, daß Gott seinen Segen dazu geben wird und das Geld vermehren."

„An uns soll es sicher nicht fehlen", antwortete zu aller Erstaunen Meta Steffens. „Wir wollen fleißig sparen und auch bei anderen sammeln und bitten für das Heim."

Die Oberschwester nickte ihr freundlich zu. „Ja, tun

Sie das. Und wenn es auch nur kleine Gaben sind, sie werden mit der Zeit doch groß und helfen bauen."

Und Meta hielt Wort. Sie sparte und sammelte unermüdlich, und bei den Zusammenkünften war sie eine von denen, die am fleißigsten schafften. Es zeigte sich, daß sie Geschick und Ausdauer hatte, während sie doch früher ein regelrechter Faulpelz gewesen war.

„Es geschehen Zeichen und Wunder", meinte Lore Haufen. „Wer hätte das je von unserer Langen gedacht!"

Aber sie freuten sich alle.

Als sie dann das Institut nicht mehr besuchten, ging Meta noch unverdrossen mit der Sammelbüchse von einem Lehrer zum anderen und bat für die Kinder. Denn außer dem guten Doktor Maufel, dem sie manche reichliche Spende verdankten, hatten auch noch einige andere ihre Unterstützung zugesichert.

„Wir wollen abwechselnd das Sammelgeschäft übernehmen", schlug Lilli von Kellen vor.

Doch Meta wollte nicht. „Laßt nur mich es tun. Ich habe die meiste Zeit von euch allen und auch das meiste nachzuholen."

Das war wahr, und es war schön von Meta, daß sie es so offen bekannte. Man schüttelte ihr anerkennend die Hand.

„Du bist wirklich ein lieber Kerl, Meta", sagte Jenny. „Ich hätte früher nie geglaubt, daß du so nett und vernünftig sein könntest."

Meta wurde rot. „Macht nur nicht so viel Gerede davon."

Elisabeth schaute sinnend zu ihr hinüber.

„Was guckst du denn so?" fragte Meta, ein wenig verlegen werdend.

„Mir kam eben ein Gedanke", erwiderte Herrn Volkhards Nichte.

„Hoffentlich ein guter!" sprach jemand.

„Elisabeth hat nur gute Gedanken!"

„Also, was ist es?" wollte Meta wissen.

„Ich dachte, da du so viel Zeit hast, könntest du später meine Schule übernehmen."

Meta Steffens antwortete nicht gleich. Der Vorschlag hatte mancherlei Verlockendes für sie, aber sie fühlte zugleich, daß auch ein gut Teil Selbstverleugnung nötig sein würde.

„Ich kann nicht mehr lange hier sein", fuhr Elisabeth fort, „dann gehe ich ins Heim, um unter Schwester Marias Leitung zu lernen. Jetzt ist ja Margarete noch da. Aber über kurz oder lang verläßt auch sie uns, und es tut mir leid, wenn die Schule, die so hübsch gewachsen ist, dann eingehen soll. Überlege es dir, Meta."

Diese richtete sich mit einem schnellen Entschluß auf. „Es braucht keine Überlegung, Elisabeth. Ich tue es."

Elisabeth streckte ihr herzlich die Hand entgegen. „Danke. Du nimmst mir eine große Sorge vom Herzen."

Frohbeglückt erzählte sie am Abend davon, als man bei Tisch saß.

„Das ist recht von Meta", lobte Tante Bettina, „und es ist gut, daß du gerade sie aufgefordert hast, denn sie hat Anlage zur Drohne und würde sich aus eigenem Antrieb gewiß keine Arbeit gesucht haben."

„Ja", stimmte Isolde zu, „es gibt in unseren Kreisen überhaupt so viele Mädchen, die mit Gaben aller Art ausgestattet sind und nichts tun, um mit dem ihnen anvertrauten Pfund zu wuchern. Sie führen alle eine Art Drohnenleben. Man sollte sie aufrütteln, sollte ihnen zeigen, wieviel Arbeit allerorten auf sie wartet."

Mit Lebhaftigkeit wurde das angeschlagene Thema besprochen. Auch Herr Volkhard beteiligte sich daran. Er fand, daß es direkt Sünde sei, wenn ein junges Menschenkind die Hände müßig in den Schoß lege, die Gott ihm zum fröhlichen Schaffen gab. Tante Bettina meinte, daß in der Jugend unendlich viel Kraft brachliege, die nur geweckt zu werden brauche.

„Freilich", sagte Herr Volkhard, „aber dabei ist es wie im Märchen. Zum Wecken gehört ein Zauberwort. Und wer das Wort nicht weiß, bemüht sich vergebens."

„Nun, so muß man es suchen", warf Isolde munter ein. „Ich werde einmal einen flammenden Vortrag halten für alle die Drohnen."

Das war im Scherz gesprochen, doch ein tiefer Ernst lag zugrunde. Isolde hatte wirklich die Absicht, aber es sollte bei der Absicht bleiben, wenigstens vorläufig, wenn es auch nicht ihre Schuld war, sondern die Arbeitslast sie hinderte, die in der Folgezeit auf ihren Schultern lag. Sie hatte nach bestandenem Examen eine Anstellung als Assistenzärztin im Kinderhospital bekommen.

Da brach in der Stadt der Typhus aus. Niemand wußte, wie das gekommen war, wie die Seuche sich plötzlich so hatte ausbreiten können. Erst waren es nur vereinzelte Fälle, die man nicht weiter beachtete, um derentwillen man sich nicht sorgte. Die wenigsten Menschen wußten überhaupt etwas davon. Freilich, die Ärzte sahen die Gefahr und beachteten die strengsten Vorsichtsmaßregeln. Dennoch griff die Seuche in fast unheimlicher Weise um sich. Bald waren die Krankenhäuser überfüllt, Baracken wurden gebaut, um die Patienten, die sich von Stunde zu Stunde mehrten, aufzunehmen, Ärzte und Pfleger mußten Tag und Nacht auf dem Posten sein und leisteten geradezu Übermenschliches in dieser furchtbaren Zeit. Trotzdem war überall Mangel an Hilfe. Viele Einsame und Arme lagen verlassen und elend in ihren Behausungen, es dauerte oft lange, ehe liebwarme Herzen sich ihrer erbarmten, sorgende Hände sie betteten und ihnen Nahrung und Medizin unter freundlichem Zuspruch reichten. Ach, und in hundert Fällen kam die Hilfe zu spät.

Isolde war unermüdlich tätig, besonders in den Armenvierteln, wo die Seuche am schrecklichsten wütete und die Not am größten war. Dort brachte sie jede freie Stunde zu. Einmal traf sie Margarete Dasfeld auf ihren Liebesgängen. Die Sanitätsratstochter stand ihrem Vater tapfer zur Seite. Sie war sein bester Assistent in dieser arbeitsreichen, schweren Zeit.

„Auch Jenny Gränzer hatte sich Vater zur Verfügung gestellt", erzählte Margarete. „Aber seit gestern ist sie selbst krank. Hoffentlich kommt sie durch."

„Wenn doch recht viele helfen wollten", seufzte Isolde und dachte an all die ‚Drohnen', die daheim saßen und die Hände in den Schoß legten. „Wir könnten sie jetzt alle brauchen!"

Und der Gedanke beschäftigte sie dermaßen, daß sie am späten Abend noch deshalb in Elisabeths Stube kam. Sie hatte den ganzen Tag über die Angelegenheit nachgedacht, und dabei war in ihrer Seele ein Entschluß gereift, den zu verwirklichen Elisabeth helfen sollte.

„Kleines, ich möchte dich um einen Liebesdienst bitten –"

Elisabeth hatte sich bereits zur Ruhe begeben. Bei Isoldes Eintritt richtete sie sich im Bett empor. „Was ist? Du weißt, daß ich alles für dich tue."

Isolde setzte sich im Nachthemd auf den Stuhl, der zur Seite des Bettes stand, denn sie war müde. Der Ansteckungsgefahr halber zog sie sich auch stets erst um, bevor sie mit den Ihrigen verkehrte.

„Trage mir morgen früh den Aufruf in die Zeitungsexpedition, damit er in der Abendausgabe erscheint. Ich will alle Frauen und Mädchen bitten, uns in diesen schweren Tagen beizustehen. Der Jammer ist entsetzlich. Man darf seine Kraft jetzt nicht ungenützt liegenlassen, wo die Not so groß ist. Das Leben ruft uns alle, auch die Frau. Und ich habe in diesen Tagen wieder so oft erkannt, daß man nicht gerade zu studieren braucht, um sich einen Beruf zu schaffen. Es gibt in der Gemeinde unendlich viel Arbeit, die gebieterisch das warme Herz und die weiche Hand der Frau fordert. Du glaubst nicht, Lisamädel, was man in den Wohnungen der Armen zu sehen bekommt! Mein Aufruf erzählt davon und bittet um Hilfe. Hoffentlich fallen meine Worte hier und da bei den ‚Drohnen' auf fruchtbaren Boden."

Elisabeth überflog beim Schein der flackernden Kerze, was Isolde geschrieben hatte, dann legte sie das Blatt still auf die Decke und sah vor sich hin. In ihrer jungen, tapferen Seele reifte ein Entschluß.

„Isolde, wenn du mich als Helferin annehmen wolltest ..." bat sie zaghaft.

„Du? Nein, nein, Liebling!" wehrte Isolde erschrokken. „Du hast deine Arbeit. Ich rufe nur die Müßigen."

Aber Elisabeth gab nicht nach. „Laß mich. Meta ist ja da. Ich bin entbehrlich."

Isolde strich leise und erregt über des Mädchens goldenes Haar. „Kleine – was verlangst du von mir! Ich habe dich lieb wie eine Mutter ihr Kind und soll dich nun dieser Gefahr aussetzen! Nein, nein, du weißt nicht, was du bittest! Soll ich auch noch um dich bangen müssen?"

„Stehst du selbst nicht mitten in der Gefahr, ohne an dich zu denken?" erwiderte Elisabeth. „Und ist nicht über uns ein Gott zu unserem Schutz? Sind wir nicht überall in seiner Hand?"

„Gewiß, aber man soll sich nicht ohne Not in die Gefahr begeben ..."

„Wenn man anderen helfen kann, dann darf man doch nicht an sich denken, so hast du mich's stets gelehrt ..."

„Ja, Herzenskind, aber schau, ich lade eine große Verantwortung auf mich. Die Krankheit ist nicht in allen Fällen heilbar, sie kann auch zum Tod führen. Und wenn du dich ansteckst – Jenny liegt auch schon, wie Margarete mir sagte ..."

„Ich fürchte mich nicht, Isolde. Und wenn dich die Verantwortlichkeit in dem Punkt erschreckt, dann dürftest du den Aufruf auch nicht hinausgehen lassen. Du setzt diese anderen Frauen und Mädchen ja damit auch der Ansteckungsgefahr aus. Und was schadet das denn? Sollen wir nicht, wenn es von uns gefordert wird, auch das Leben lassen können für die Brüder?"

Da versuchte Isolde nicht mehr, dagegen zu reden,

sondern küßte sie voll tiefer Rührung und sagte: „Sprich mit Onkel Volkhard und Tante Bettina. Sie sollen entscheiden."

Elisabeth konnte kaum den Morgen erwarten, um das zu tun.

Tante Bettina meinte, als sie die Bitte hörte, man dürfe angesichts der dringenden Not niemanden selbstsüchtig zurückhalten. Auch Herr Volkhard war derselben Ansicht. Er dachte an das ‚Gott will es!' der Kreuzfahrer und fügte sich.

Tante Bettina hätte selbst gern noch mit an den Krankenbetten geholfen, wenn ihre Kräfte das erlaubt hätten.

„Nun aber kann ich nichts weiter tun, als für euch alle beten."

„Das ist sehr viel, Tantchen", antwortete Isolde. „Wir haben ja nichts nötiger als herzliche Fürbitte."

Was Elisabeth nun in der Folgezeit zu sehen bekam, war viel Elend, Schmutz, Verkommenheit und Jammer, wenn sie mit Isolde in die engen, dunklen Häuser trat, die in den winkligen Gassen der Armenviertel dicht beisammen standen, das war oft genug dazu angetan, sie abzuschrecken. Mehr als einmal war der Ekel in ihr so groß, daß sie sich Gewalt antun mußte, um nicht fortzulaufen. Aber sie bezwang sich, und bald verlor das, was ihr auf diesen Samaritergängen begegnete, seine abschreckende Häßlichkeit für sie, und es blieb allein das Jammervolle da, was förmlich schrie nach Hilfe und Erbarmen.

Anfangs war sie natürlich auch ungeschickt gewesen in ihrem Tun an den Krankenbetten, aber bald lernte sie flink und sicher das Nötigste verrichten, tröstete mit sanften Worten und liebkoste mit weichen Händen und brachte den Sonnenschein mit, wohin immer sie kommen mochte. Dabei schien sie keine Müdigkeit zu kennen. Immer war sie hilfsbereit, immer freundlich und scheute keine Mühe, und keine Arbeit war ihr zu gering. In diesen Tagen lernte Elisabeth mehr und wurde innerlich reifer, als es unter anderen Umständen in Jahren der Fall gewesen wäre. Isolde bewunderte sie im stillen und freute sich ihrer Tapferkeit. Ruhig vertraute sie ihr in dringenden Fällen auch die Pflege Schwerkranker an, nur Nachtwachen erlaubte sie nicht. Aber einmal, am Ostersonnabend war es, wußte sie sich doch nicht anders zu helfen. Es war abends gegen acht Uhr, die Zeit, zu welcher Elisabeth gewöhnlich heimkehrte. Die beiden Mädchen kamen gemeinsam von einer Kranken.

„Lisakind, das kleine Mädel von der Heimarbeiterin Müller, Flußgasse 13, vier Treppen, liegt ganz verlassen. Die Mutter haben wir ins Krankenhaus geschafft, die Großmutter, die das Kind bis jetzt versorgte, ist heute früh plötzlich gestorben. Kein Mensch kümmert sich um das Kleine."

„Da gehe ich gleich hin – selbstverständlich ..."

„Aber bist du nicht müde? Du schaust ein bißchen blaß und abgespannt aus, Liebling."

„Gar nicht. Sorge dich nur nicht um mich, Isolde. Also, was soll ich machen? Ist das Kind sehr krank?"

„Ja. Möglicherweise erlebt es den Morgen nicht. Fürchtest du dich?"

Nein, Elisabeth fürchtete sich nicht. Sie hatte in den letzten Wochen schon an manchem Sterbebett gekniet. Isolde gab ihr Verhaltensmaßregeln und händigte ihr den Schlüssel zur Müllerschen Wohnung, den sie an sich genommen hatte, aus. Sie selbst war so ermattet, daß sie kaum zu stehen vermochte und sich einen Augenblick auf die Treppenstufen setzte.

„Du solltest heimgehen und einmal ordentlich ausschlafen", sagte Elisabeth.

„Ist heute gar nicht möglich, Liebes. Jetzt muß ich gleich in die Hechtgasse, wo wir zwei von unseren Freiwilligen stationiert haben. Heute meldeten sich wieder drei. Das sind nun zwanzig, die auf meinen Aufruf hin gekommen sind. Ein schöner Erfolg. Nun behüt dich Gott, Kleines."

„Von der Hechtgasse weg begibst du dich aber wohl heim, Isolde?"

„Wo denkst du hin! Glaubst du, ich legte mich zu Bett und ließe dich hier wachen? Nein, ich habe im Hospital Nachtdienst."

Sie hatte sich erhoben und schickte sich zum Gehen an.

„Nochmals ade, Lisamädel."

„Gute Nacht, Isolde."

Mit Bangen sah Elisabeth ihr nach. Sie fürchtete, daß Isolde zusammenbrechen würde, wenn sie nicht bald daran dachte, sich zu schonen. Sie war entschieden fast am Ende ihrer Kräfte. Aber so rücksichtsvoll sie gegen andere war, so streng verfuhr sie mit sich selbst. Sie dachte kaum daran, daß sie müde war und Ruhe brauchte. Die stets sich drängende Arbeit ließ sie gar nicht dazu kommen. Später würde sie ausruhen, so tröstete sie ihre Angehörigen, die ihr Vorhaltungen machten. Jetzt, wo es nötig war, hieß es standhaft sein und aushalten.

Als Isolde von der Hechtgasse zum Hospital ging, war es schon völlig dunkel in den Straßen. Rasch schritt sie aus, um den Kollegen abzulösen, der den Tagdienst gehabt hatte. Ohne auf die Vorübergehenden zu achten, strebte sie vorwärts. Da rief sie plötzlich eine Männerstimme an. Es war der Bankier Steffens, Metas Vater, der vor ihr stand und grüßend den blanken Zylinder zog.

„Guten Abend, Fräulein Doktor. Darf ich ein Stück mit Ihnen kommen? Sie sind wohl sehr eilig?"

„In der Tat, Herr Steffens ..." Er schritt neben ihr her. „Ich kann es mir denken, und ich will auch nur die Gelegenheit nutzen, um Ihnen ein paar Worte zu sagen. Sehen Sie", er räusperte sich verlegen, „ich bin gar nicht für das neumodische Zeug gewesen, daß Frauen zum Beispiel studieren und dergleichen anfangen. Und ich habe es auch nicht gern gesehen, daß meine Tochter mit Elisabeth Volkhard und den anderen Mädels so intim wurde. Ich konnte mich für diese Volksbeglückungsideen nicht sehr begeistern. Aber nun – Fräulein Doktor – ich möchte ihnen allen jetzt jeden unfreundlichen Gedanken abbitten ..."

Isolde sah überrascht auf.

„Ich habe in dieser schrecklichen Zeit erst Frauenarbeit und Frauenwert schätzen und erkennen gelernt, und ich wollte, es würden alle Mädels gezwungen, sich in der Gemeinde irgendwie nützlich zu machen. Wer Zeit hat, soll schaffen, für andere schaffen, damit er selbst vorwärtskommt – innerlich meine ich. Habe ich recht?"

„Ja." Isolde reichte ihm froh die Hand. „Solche Arbeit ist ein Segen. Dabei wachsen der Seele Flügel."

Er nickte. „Sie können das schöner ausdrücken als ich."

Man hatte inzwischen das Hospital erreicht.

„Ich danke Ihnen für all die guten Worte, Herr Steffens. Sie haben mich gefreut."

Er schüttelte ihr die Hand. „Das ist auch mir eine Freude, und ich hoffe, Meta bleibt auf dem Weg, den sie jetzt eingeschlagen hat. Gute Nacht, Fräulein Doktor."

Elisabeth saß die ganze Nacht an dem schmalen Bettchen und wachte über das junge Leben, das so nahe am Verlöschen war. Mit unermüdlicher Geduld und peinlicher Sorgfalt kam sie allen Anweisungen Isoldes nach, und dabei dachte sie an die arme Mutter, die im Krankenhaus lag und sich vielleicht verzehrte in Angst und Pein um ihr Kind.

„Morgen will ich die Frau besuchen, wenn es nur irgend möglich ist", gelobte sich Elisabeth.

Und sie sank vor dem Lager auf die Knie und faltete die Hände und flehte zu dem Gott der Barmherzigkeit und Liebe, daß er sie mit einer frohen Osterbotschaft zu der armen Mutter senden möchte. Wohl sah sie, daß der schwarzgeflügelte Engel bereits am Bett stand, harrend auf die kleine, ringende Seele. Sie sah es mit Bangigkeit, aber ihr Glaube und ihr Vertrauen waren größer als alle Bangigkeit. Sie wußte, Gott kann helfen, in der letzten Stunde noch kann er kommen, bei ihm ist kein Ding unmöglich. Und deshalb ließ sie nicht ab mit Bitten und Flehen. „Herr, wenn es möglich ist, so erhalte dies junge Leben. Mach's, wie du willst, aber gedenke der Mutter, die nur dies einzige Kind hat, erbarme dich und laß es genesen!" So betete

Elisabeth – und sie betete noch viel mehr –, sie kämpfte förmlich mit dem Tod, und ihr Glaube errang den Sieg. Beim ersten Morgengrauen sank leise das Fieber, und im sanften Schlummer kam heimlich die Genesung. Die junge Pflegerin bemerkte es mit heißem Glücksempfinden. Still erhob sie sich und trat ans Fenster, das sie öffnete. Über den dunklen Häusermassen der Stadt flammte der Morgenhimmel in goldroter Glut, und ein frischer Luftzug strich belebend über Elisabeths Haupt in das dumpfe Krankenzimmer. In stummer Andacht schaute sie hinaus. Da begannen die Osterglocken zu läuten von allen Kirchen, fern und nah, und sangen die jauchzende Osterbotschaft über die Erde und in die Herzen – und Elisabeth war es, als müsse dieser Morgen der Anfang sein zu einem neuen Leben auch für die heimgesuchte Menschheit.

„Er ist auferstanden!" flüsterte sie mit großen, seligen Augen. „Er ist auferstanden!"

Ein Wiederfinden

Vier Jahre sind seit den letzten Ereignissen ins Land gezogen, und wieder ist es Frühling. Auf den Berghängen liegt weißer Blütenschnee, über den junggrünen Feldern steigen die Lerchen jubilierend zum blauen Lenzhimmel empor, dessen leuchtende Pracht sich spiegelt im Silber des Flusses. Ein Nachen schaukelt leise zwischen dem hohen Uferschilf. Der Fährmann steht darin und spannt mit geschickten Händen das Segel straffer, das sich im lauen Lenzwind luftig bläht. Da kommt ein Mann den schmalen Wiesenpfad herunter, der zum Fährhaus führt. Er geht nicht allzu schnell und muß sich zweier Stöcke bedienen, auf die er sich stützt, denn er trägt künstliche Beine. Das scheint ihn aber nicht sonderlich zu stören oder zu betrüben. Er schaut frisch und fröhlich aus, und seine blauen Augen strahlen mit dem Frühlingshimmel förmlich um die Wette.

„Grüß Gott!" sagt er freundlich zum Fährmann, der höflich an seiner Mütze rückt.

„Übersetzen, Herr?"

„Ja. Ich möchte zum Heim. Es ist doch der richtige Weg?"

Der Fährmann nickt und deutet mit der Hand zum jenseitigen Ufer. „Die Kirchallee da drüben aufwärts. Es ist nur eine Viertelstunde, aber der Weg geht steil bergan."

„Schadet nichts. Mit Geduld überwindet man den größten Berg."

„Da hat der Herr recht."

Der Fremde klettert in den Kahn, wobei er die Hilfe des Fährmannes mit freundlichem Dank ablehnt. Dann stößt das kleine Fahrzeug vom Ufer und gleitet geräuschlos durch das Silbergewoge des Flusses.

Zur selben Stunde saß Elisabeth unter dem blühenden Birnbaum im Garten des Heims. Sie trug das schlichte, dunkle Schwesterngewand mit dem weißen Häubchen, das nur zur Hälfte ihr reiches, goldenes Haar bedeckte. Ein paar zarte Blütenblätter waren darin hängengeblieben, denn jeder leise Luftzug löste die rosigen Frühlingskinder von dem knorrigen Geäst des alten Baumes.

Neben ihr stand ein mächtiger Korb voll frischer Wäsche, die sie einer peinlichen Durchsicht unterzog. Dabei plauderte sie munter mit ihren Pflegebefohlenen, die so dicht wie nur möglich um sie hockten. Ein Mädchen hatte den Kopf in die mageren Arme gestützt und schaute aus ernsten, frühreifen Augen zu ihr empor.

„Schwester Elisabeth", bat sie, „erzähl uns von damals, als du noch klein warst."

„Ach ja, Schwester Elisabeth, von dem Hansel, der auch keine Beine hatte", stimmte ein Bübchen bei und streichelte seine holzernen Krücken.

Elisabeth sah lächelnd von der Arbeit auf, und ihre Blicke glitten mit fast mütterlicher Zärtlichkeit über die jungen Menschenkinder, von denen keines eine ebenmäßige Gestalt besaß. Alle waren körperbehindert, manche mehr, manche weniger. In den Augen der meisten Leute waren viele häßlich. Viele, die besuchsweise die Anstalt betraten, konnten den Anblick nicht ertragen und wandten sich schaudernd ab. Elisabeth verstand das, denn sie hatte das ja an sich selbst erlebt vor Jahren in einer bitteren Stunde. Jetzt aber sah sie kaum noch, daß die kleinen Wesen nicht schön waren. Sie sah nicht bloß das Äußere, sondern ihre Blicke drangen tiefer, und da entdeckte sie gar manches, was anderen verborgen blieb. Sie hatte es tausendmal erfahren, daß Gott, wenn er dem Körper ein Glied nimmt, dafür der Seele Flügel gibt. Und noch eines wußte und fühlte sie: daß diese Kinder Liebe brauchen, viel, viel mehr Liebe als jene glücklichen Menschen, die keinen mißgestalteten Körper haben. Elisabeth war bemüht, ihren Pfleglingen stündlich zu beweisen, wie lieb sie sie hatte! Im Menschenherzen ruht ja solch eine reiche Liebesfülle, nur daß viele gar keine Ahnung haben von den Schätzen, die das Herz umschließt, und deshalb geizen mit ihrer Liebe. Aber das Geben macht nicht arm. Je mehr man gibt, je mehr man sich verschwendet, desto reicher quillt in uns der ewige Liebesborn. Elisabeth fühlte das. Sie schenkte und schenkte und wußte kaum noch, daß sie es tat, so zur zweiten Natur war es ihr geworden. Ihr ganzes Wesen schien die verkörperte Liebe zu sein. Es konnte nichts Rührenderes geben als den Anblick dieser jungen Schwester inmitten ihrer Pfleglinge. Etwas Herzbewegendes lag in der Art, wie sie mit ihnen zu spielen, sie zu trösten und ihnen über bange Schmerzensstunden hinwegzuhelfen verstand! Sie hütete und pflegte nicht nur die armen, gebrechlichen Körper, sondern auch die Seelen. „Denn sie sind ja alle wie Blumen“, sagte sie einmal zu Meta Steffens, die öfter ins Heim kam, „sie brauchen Licht und Wärme, um fröhlich gedeihen zu können. Aber bisweilen wächst unversehens auch ein wilder Trieb, der dem Pflänzlein leicht die Kraft nimmt. Da muß man gut achtgeben, damit man ihn zur rechten Zeit abschneiden kann."

Meta hatte unwillkürlich nach Elisabeths feinen Schwesterhänden gesehen und bei sich gedacht, daß es kaum weh tun könne, wenn diese Hände eines Pflänzleins allzu jähes Wachstum leise korrigierten. Und die Kinder empfanden ähnlich. Sie liebten Schwester Elisabeth sehr, und drei, vier hingen ihr immer am Rock. Sie waren selig, wenn sie von ihr irgendein Amt zugeteilt erhielten, zum Beispiel Milch und Brot austeilen oder das gebrauchte Geschirr zusammensetzen, und sie lebten in der festen Überzeugung, daß sie für Schwester Elisabeth eine gewaltige Hilfe bedeuteten und so gut wie unentbehrlich waren. Das stärkte ihr Selbstgefühl und ließ sie Vertrauen gewinnen zur eigenen Kraft.

Elisabeth ließ ein Wäschestück nach dem anderen durch ihre Finger gleiten und dachte dabei, wie glücklich sie doch war. Noch keine Stunde hatte sie bereut, ins Heim gekommen zu sein. Sie war gern hier und liebte die übernommenen Pflichten, die freilich oft genug ein reiches Maß von Selbstbeherrschung und Selbstverleugnung forderten. Aber damit tilgte sie ja eine alte Schuld. Denn was seit damals, als sie dem Spielgefährten so entsetzt geflohen war, wie eine Last auf ihrer Seele gelegen hatte, das tilgte die Arbeit an ihren Pfleglingen. In jedem derselben liebte sie ihren Hans, und darum auch stand ihr jedes so nahe.

„Schwester Elisabeth!" Eines zupfte die Sinnende leise am Ärmel. „Woran denkst du? An den Hansel?"

„Erzähl uns von ihm", bat ein anderes.

„Oder vom bösen Harras?"

„Die Geschichte habt ihr sicher schon hundertmal gehört", wehrte sie lächelnd.

„Ach, das ist doch gleich!"

„Wenn wir sie nun gerade mögen!"

Und so tat sie ihnen den Willen und erzählte vom bösen Harras zu Peterswald.

„Schwester Elisabeth", erkundigte sich ein kleiner Skeptiker, als sie zu Ende war, „ist das alles auch richtig geschehen?"

„Ganz richtig", versicherte sie. „In meiner Heimat kann man noch heute die Ruine des Hungerturmes sehen."

„Ach!" staunten sie.

„Und woher weißt du denn die Geschichte?"

„Der Hans hat sie mir erzählt."

„Der Hans? So!" Sie beruhigten sich. Hans war in diesem Kreis entschieden eine Respektsperson.

„Schwester" – eine weiche Wange legte sich auf ihre fleißige Hand – „wo ist der Hansel jetzt?"

„Ich weiß es nicht, Kleinchen."

„Hast du niemals mehr von ihm gehört?" fragte ein anderes.

„Nein, niemals."

„Möchtest du nicht?"

„O ja."

„Warum hast du ihm denn keinen Brief geschrieben?"

„Ich tat es schon. Aber der Brief kam wieder zu mir zurück. Hans wohnte nicht mehr im Heimatdorf, und niemand konnte mir sagen, wohin er mit seinen Eltern gezogen war."

„Das ist sehr schade, nicht?"
„Ja."
„Erzähl uns noch etwas von Hansel ..."
Aber sie kam nicht dazu, denn die Oberschwester – es war noch Schwester Maria, die von Anfang an das Heim geleitet hatte – trat in Begleitung eines jungen Mannes aus dem schattigen Laubengang auf die Gruppe unter dem Birnbaum zu.
„Liebe Schwester Elisabeth, ich bringe Ihnen hier unseren neuen Lehrer. Machen Sie ihn ein wenig mit den hiesigen Verhältnissen bekannt."
Nach ein paar gütigen Worten zu den Kleinen ging sie wieder, da dringliche Geschäfte die stets Pflichtgetreue abriefen. Nun standen Elisabeth und der neue Lehrer sich gegenüber. Es war derselbe Mann, der sich unten am Fluß nach dem Weg erkundigt hatte. Auf seine beiden Stöcke gestützt, schaute er aus den klaren Augen in Schwester Elisabeths Antlitz, auf dem in schnellem Wechsel die Farbe kam und ging. Keiner sprach, aber einer suchte in den Zügen des anderen nach Bekanntem und Vertrautem, und beider Herzen klopften in heißer Erregung. Endlich nahm Hans – denn er war der neue Lehrer des Heimes – beide Krückstöcke in die linke Hand und streckte die rechte zögernd der einstigen Spielgefährtin entgegen.
„Elisabeth?!"
„Hans! Mein Hansel!" stammelte sie da lachend und schluchzend zugleich, und er zog sie an seine Brust, und sein starker Arm umfing die feine Gestalt mit der ganzen Zärtlichkeit vergangener Tage.
Staunend und verständnislos waren die Kinder dem Vorgang gefolgt. Mit großen Augen, teilweise sogar mit

offenem Mund, saßen sie und starrten bald Schwester Elisabeth und bald den Fremden an. Aber nicht lange hin und die Klügeren unter ihnen hatten begriffen, um was es sich handelte, und sie setzten nun die anderen flüsternd und tuschelnd von ihrer großen Entdekkung in Kenntnis.

„Der Hans ist es! Der Hansel!"

Elisabeth hatte nicht gewußt, daß er der neuangestellte Lehrer war. Schwester Maria hatte wohl mit ihr von ihm gesprochen, aber nicht seinen Namen genannt, und Elisabeth hatte nicht danach gefragt. Auch er war ohne Ahnung, sie im Heim zu finden, hergekommen.

„Denn wie hätte ich das erwarten dürfen! Hier würde ich dich nie gesucht haben, Elisabeth."

„Ja, nicht wahr, wie wunderbar sind die Wege des Herrn! Jetzt schreckt mich kein Behinderter mehr. Ich weiß, wir sind alle Gottes Geschöpfe, und der Körper ist doch nur die Hülle für die gottentstammte Seele."

Hans nickte, und seine Hand schloß sich fester um die ihre.

„Und diese Seele, Elisabeth, die wollen wir pflegen in diesen Kindern, daß sie schön werde und stark und groß. Wir wollen daran denken, daß sie etwas Heiliges ist."

„Ja, Hans", sagte sie ernst und innig, und ihre Augen leuchteten wie ein Stück Himmelsblau.

Eine Stunde später klingelte das Telefon in Herrn Volkhards Arbeitszimmer.

„Hier Volkhard!"

„Ich bin es, Onkelchen, Elisabeth."

„Guten Tag, Mädel. Wie geht es? Gesund?"

„Ja, danke. Du auch?"

„Na, man bildet es sich ein. Aber was ist denn los?"

„Der Hans ist da."

„Wer?"

„Der Hans!"

Herrn Volkhard ging bei der unerwarteten Nachricht der Atem aus. „Derselbe Hans, um den du immer so getrauert hast, Lisamädel?"

„Ja, Onkelchen."

Wie Jauchzen klang es aus ihrer Stimme.

„Was will er denn? Dich besuchen?"

„Nein. Er ist Lehrer bei uns."

„Der Tausend! Was man alles erlebt! Hoffentlich habt ihr die Wiedersehensfreude gut überstanden?"

„O ja, Onkelchen!"

„Nun?"

„Schwester Maria hat mir den Abend freigegeben. Dürfen wir zu euch kommen?"

„Welche Frage! Natürlich! Sobald ihr nur könnt! Ich werde eine Bowle ansetzen, nicht?"

„Du gutes Onkelchen!"

„Hm! Also auf Wiedersehen!"

„Auf Wiedersehen. Und schöne Grüße an Tante Bettina."

„Danke."

Eine Stunde später kam Isolde ins Heim. Sie hatte auch hier den Gesundheitszustand der Kinder zu beobachten und erschien fast täglich, wenn auch nur für kurze Zeit; denn im allgemeinen gediehen die kleinen Zöglinge droben in der reinen Bergluft vorzüglich. Sie war ein stets freudig begrüßter Gast im Heim.

Heute stürzte man ihr sogleich mit der großen Neuigkeit entgegen. Aber Isolde fand vorläufig wenig Zeit, sich mit den Kindern zu beschäftigen; denn Elisabeth nahm sie freudestrahlend beiseite und berichtete von dem unerwarteten Wiederfinden.

Isolde nahm Anteil an diesem Glück. Wußte sie doch besser als irgend jemand, wie Elisabeth gelitten hatte unter der Entfremdung, „denn Hansel steht dir ja doch näher als wir alle", fügte sie scherzend hinzu.

„O nein, Isolde! Ich habe euch ebenso lieb."

„Na, na! Ich glaube fast, daß du Talent zur Heuchlerin besitzt."

Elisabeth wußte, daß diese Worte nicht ernst gemeint waren und schmiegte sich lachend in Isoldes Arme.

„Nun aber geh, Kleines", sagte die junge Ärztin, „ich denke, wir lassen Onkel und Tante nicht zu lange warten. Während du dich fertig machst, werde ich nach den Kindern sehen. Ist alles gesund?"

„Gott sei Dank, ja."

Elisabeth begab sich ins Haus, und Isolde ging raschen Schrittes zu den Kleinen, die dicht beisammen hockten und das große Ereignis besprachen.

„Also, ihr habt einen neuen Lehrer?" Sie setzte sich zu ihnen auf den Rasen. „Wie gefällt er euch denn?"

„Ach, das ist ja der Hansel", antworteten sie glücklich, „den kennen wir schon lange."

„Ja – und den haben wir toll lieb!"

„Er hat nämlich keine Beine ..."

„Er ist auch ein behindertes Kind ..."

„Ja – und darum gehört er zu uns", beteuerten sie mit großer Entschiedenheit.

Hans und Elisabeth waren unbemerkt zu der Gruppe getreten und hatten die letzten Worte gehört.

„Sie werden es leicht haben mit der kleinen Gesellschaft!" rief Isolde dem neuen Lehrer zu. „Man liebt Sie schon und betrachtet Sie ganz als Eigentum."

In seinen Augen leuchtete es auf.

„Ja, weil Elisabeth mir durch ihr treues Gedenken unbewußt die Wege ebnete für mein Schaffen."

Sie lächelte froh. „Dem Himmel sei ewig Dank dafür, daß ich es durfte!"

* * *

Was war nun aber in all der Zeit aus den anderen geworden, die mit Elisabeth gelernt und gestrebt hatten? Sie waren alle – mit Ausnahme von Meta Steffens – hinausgeflattert in die Welt, um sich irgendwie zu betätigen. Glückliche Briefe erzählten von gesegneter Arbeit.

Zuerst Margarete. Die hatte seit einem Jahr die Heimat verlassen und wirkte in einem Missionshaus Chinas, erzog die armen blinden Chinesenmädchen, wie sie es sich so sehr gewünscht hatte, und führte die jungen, scheuen Seelen aus dem Dunkel, in dem sie lebten, in die Strahlenfulle göttlichen Lichtes und göttlicher Liebe.

Jenny Gränzer war ein Jahr in London und Paris gewesen und wirkte jetzt in Süddeutschland an einer Sprachschule für Unbemittelte, die ein reicher alter Herr gegründet hatte, um armen strebsamen Menschen Gelegenheit zu geben, vorwärts zu kommen.

Lore Haufen hatte auch einen Wirkungskreis gefunden. Sie pflegte zwei alte Tanten, die sich in ihrer Einsamkeit nach ein wenig Sonnenschein gesehnt hatten.

Lilli von Kellen, deren Vater in Schlesien ein Rittergut besaß, hatte sich dort eine schöne und beglückende Arbeit gesucht, indem sie ein Waisenhaus und einen Jungfrauenverein gründete.

Und nun Meta Steffens? Es war wunderbar, wie sich das träge Mädchen zu einem frischen, tatkräftigen Menschen entwickelt hatte. Sie leitete ganz allein die Schule, die zu Elisabeths Freude noch immer blühte. Freilich, von den Kindern, die damals in Herrn Volkhards Garten gelernt und gesungen hatten, waren schon manche davongeflattert, hinaus ins Leben. Auch Hannchen Heinel befand sich nicht mehr unter ihnen, die wurde im Heim unterrichtet und war eine der geschicktesten Blumenarbeiterinnen. „Sie wird bald lernen, auf eigenen Füßen zu stehen", sagte Elisabeth. Andere Kinder hatten die Lücken in der Schule wieder ausgefüllt, und so nahm das Häuflein nie ab, sondern wurde eher größer.

Das Sammeln fürs Heim setzte Meta noch immer fort, obschon es gar nicht mehr so sehr nötig war, denn es flossen der Stiftung von edlen Menschenfreunden ansehnliche Spenden zu. Auch Elisabeth wollte am Tag ihrer Mündigkeitserklärung dem Heim die Hälfte ihres Erbteils überweisen. „Dann kann noch angebaut werden", meinte sie froh, „und wir brauchen keines mehr abzuweisen."

Hans sah ihr in die sonnigen Augen. „Das hättest du wohl früher nie gedacht, daß du den Behinderten Gut und Leben schenken würdest, Elisabeth."

Ein helles Lächeln lag auf ihren Zügen. „Ja, des Herrn Wege sind wunderbar."

In unserer Reihe „Heimatlicht" liegt außerdem vor:

Margarete von Oertzen
Heimweh
Bestell-Nr. 56 092
ISBN 3-86122-394-5
96 Seiten, Taschenbuch

Hannele, aufgewachsen in einer idylischen Gegend, kommt nach ihrer Hochzeit mit Fritz in die Großstadt. Das Leben hier wird für das fröhliche Landkind zum Alptraum. Als ihr Ehemann der frommen jungen Frau verbietet, ihren Glauben zu leben, wird der Leidens-

FRANCKE
Verlag der Francke-Buchhandlung GmbH

Margarete Nicolmann
Ein Herz voller Liebe
Bestell-Nr. 56 093
ISBN 3-86122-395-3
176 Seiten, Taschenbuch

Das Glück einer jungen Familie wird getrübt, als der Vater unerwartet an einer Krankheit stirbt. Die Mutter ist gezwungen, zusammen mit ihren fünf Kindern das Leben zu meistern. Doch dann stirbt plötzlich das jüngste Kind.

Wie die junge Frau mit dieser Situation fertig wird, das schildert Margarete Nicolmann auf ergreifende Weise.